Spanish Resources

TRANSLATIONS OF
- Selection Summaries
- Before You Read
- Reading Check
- Graphic Organizers for Active Reading
  Blackline Masters
- Answer Keys

HOLT, RINEHART AND WINSTON
Harcourt Brace & Company
Austin • New York • Orlando • Atlanta • San Francisco • Boston • Dallas • Toronto • London

Materials for SPANISH RESOURCES translated from the English, edited, and produced by
GGP PUBLISHING, INC. personnel under the direction of Generosa Gina Protano, President

Printed in the United States of America

ISBN 0-03-064726-6

2 3 4 5 022 05 04 03 02 01

ÍNDICE

LAS COLECCIONES DE CUENTOS CORTOS

Colección 1:
Enfrentarse a los monstruos

Colección 2:
El espíritu humano

Colección 3:
Esperar lo inesperado

Colección 4:
Descubrimientos

LAS COLECCIONES DE NARRATIVA DE HECHOS REALES

Colección 5:
Recordamos

Colección 6:
Un lugar llamado hogar

Colección 7:
Lo que creo

LAS COLECCIONES DE POESÍA

Colección 8:
Mira los milagros

Colección 9:
Imagínate

Colección 10:
Como somos

Colección 13:
La destrucción de la inocencia

LA EPOPEYA

Colección 14:
El viaje azaroso

PREFACE

This handbook in Spanish consists of materials taken from the Pupil's and Teacher's Editions of *ELEMENTS OF LITERATURE,* a series of seven textbooks for the teaching of literature in English from Grade 6 to Grade 12, and from the corresponding supplementary manual *Graphic Organizers for Active Reading.* The materials comprise the Before You Read, Summary, Reading Check, and Graphic Organizer sections for the particular reading selection in addition to the Handbook of Literary Terms as well as answers for the Reading Check and Graphic Organizer.

These sections have been translated into Spanish to help Spanish-speaking students with limited English proficiency to keep up with their class as they prepare to make the transition into English.

The English readings from which these sections were taken were chosen to provide Spanish-speaking students with additional knowledge and understanding of their own heritage, their immigrant experience, and our multicultural society.

The exercises help the students to understand the contents of the selections, to work with the topic as it may apply to their experience, and to develop the ability to think critically.

Each chapter begins with Before You Read (Antes de la lectura). This gives technical elements that stand out in the literary text and at the same time points out the author's historical and personal circumstances that are relevant for a complete understanding. The Summary (Resumen) focuses on the main topic of the text. The Reading Check (Revisión) uses questions as a means to verify that students have understood the basic concept of the reading. The Graphic Organizer (Organizador gráfico para la lectura activa) offers students opportunities for more active participation by making it possible for them to express their ideas and develop their creativity as they examine literature and thought critically. The Handbook of Literary Terms (Manual de términos literarios) gives students the advantage of a simple and quick reference to literary terminology.

The handbook concludes with an Answer Key (Respuestas) for the teacher that includes suggested responses.

El francotirador

Liam O'Flaherty

Antecedentes

Este relato tiene lugar en Dublín, Irlanda, en la década de 1920. En aquella época había una guerra civil en Irlanda. En un bando estaban los republicanos: querían que toda Irlanda formara una república, completamente independiente del gobierno británico. En el otro bando estaban los del Estado Libre; habían transado con Gran Bretaña y habían acordado permitir a los ingleses que siguieran gobernando seis condados de la provincia del Ulster, en el Norte. Como todas las guerras civiles, ésta separó a las familias. Enfrentó a los niños contra los padres, a hermana contra hermana, a hermano contra hermano. Cuando leas, observa cómo el autor te ayuda a que te sientas como si estuvieras exactamente allí, sobre un tejado en Dublín.

RESUMEN

El escenario del relato es Dublín, Irlanda, durante la guerra civil en la década de 1920. El protagonista es un francotirador republicano, sobre un tejado en Dublín, que se enzarza con un oculto oponente que está en el tejado al otro lado de la calle. Intercambian disparos, y el francotirador republicano resulta herido, pero no mortalmente. Recupera suficientes fuerzas para matar a su enemigo —sólo para descubrir que el hombre al que ha matado es su propio hermano. La ironía de situación queda subrayada por el empleo de la narración en tercera persona. La horrible revelación es presentada en un calmado tono objetivo y distanciado. El «monstruo» en este relato es la guerra que enfrenta a hermano contra hermano.

La presa de caza más peligrosa

Richard Connell

Conexiones

La cacería

El tipo de conflicto más elemental en una narración es el que enfrenta a una persona contra otra o contra algo. En el cine este conflicto se soluciona frecuentemente con emocionantes persecuciones en las que el villano persigue al héroe o a la heroína por los tejados de edificios, cruzando ríos, a lo largo de alcantarillas o por las calles de alguna ciudad. Si el relato está bien narrado, nos atrapará la atención por sus situaciones críticas y esperaremos ansiosos saber: ¿Qué pasará? ¿Podrá escaparse esta vez?

Destrezas y estrategias de la lectura

Diálogo con el texto

Antes de empezar a leer este famoso cuento sobre una cacería, anota en un papel tu **predicción** del significado del título. ¿Cuál crees que será el conflicto? Luego, a medida que vayas leyendo, mantén un **diario con dos columnas,** como el ejemplo que puedes ver aquí. A la izquierda, escribe aquellos comentarios expresados por los personajes que te parezcan importantes o polémicos. A la derecha, escribe tus propias reacciones a dichos comentarios.

Comentario	Mi reacción
«El mundo se divide en dos clases de gente: cazadores y presas». (página 14)	Yo no soy ni presa ni cazador. Ésta es una idea realmente cínica.

Elementos de literatura

Los conflictos hacen que un relato avance.

Las luchas físicas y mentales de un personaje son **conflictos.** Si una persona lucha contra algo fuera de sí misma, el conflicto es **externo.** Si la persona lucha por controlar un problema interno, como puede ser el miedo, la furia o la nostalgia, el conflicto es **interno.** Los cuentos puramente de acción generalmente captan nuestra atención con conflictos externos de violencia. Cualquiera que sea el tipo de conflicto en el que un cuento se base, tiene que ser lo suficientemente fuerte como para mantenernos interesados en seguir leyendo, o seguir pasando páginas —o pegados a nuestro asiento.

> **El Conflicto** es una lucha contra un enemigo externo o un problema interno.
>
> *Para más detalles sobre* Conflict *(Conflicto), ver páginas 32-33 y el Manual de términos literarios.*

Mientras viaja en yate para ir a participar en una cacería, Sanger Rainsford, un experto cazador norteamericano, se cae accidentalmente por la borda. Tras debatirse en medio del oleaje, logra llegar a nado a una misteriosa isla donde halla una fortaleza al estilo medieval. Es la residencia del general Zaroff, un ruso amante del placer y de las distracciones, que tiene un sirviente cosaco de fiero aspecto, Iván, así como una jauría de feroces perros de caza. Zaroff le comenta a Rainsford que su pasión por la caza se ha visto frustrada por la falta de presas que le presenten un desafío. Alardea de haber abastecido la isla con las presas más peligrosas e inteligentes de todas: seres humanos. Cuando Rainsford se niega a ir de caza con Zaroff, el general ruso obliga a su «invitado» a convertirse en la presa. Zaroff persigue a Rainsford, quien debe recurrir a su ingenio para evitar ser capturado y muerto. Después de una persecución llena de suspenso, Rainsford burla a Zaroff, sorprendiendo al general en su propio dormitorio. El desenlace no está descrito, pero se da a entender que Zaroff acaba siendo devorado por sus propios perros.

REVISIÓN, P. 29

a. ¿Pudiste predecir el significado del **título** del cuento? ¿Cuál es la presa de caza más peligrosa?
b. ¿Por qué está contento Zaroff de que haya sido Rainsford quien llegara a la isla?
c. ¿Qué pasa durante los tres días de la cacería?
d. ¿Cuál es el **conflicto** entre Rainsford y Zaroff, y cómo se resuelve finalmente?

ORGANIZADOR GRÁFICO PARA LA LECTURA ACTIVA, P. 1

La presa de caza más peligrosa

Richard Connell   **Edición del alumno, página 12**

El final de la cacería

La última línea del cuento deja en claro que Rainsford gana la partida. Pero, y luego ¿qué? En la señal de ALTO describe brevemente como actuaría Rainsford en el caso de que matara al general Zaroff. En la señal de CEDA EL PASO describe brevemente cómo actuaría Rainsford si permitiera que el general Zaroff siguiera con vida.

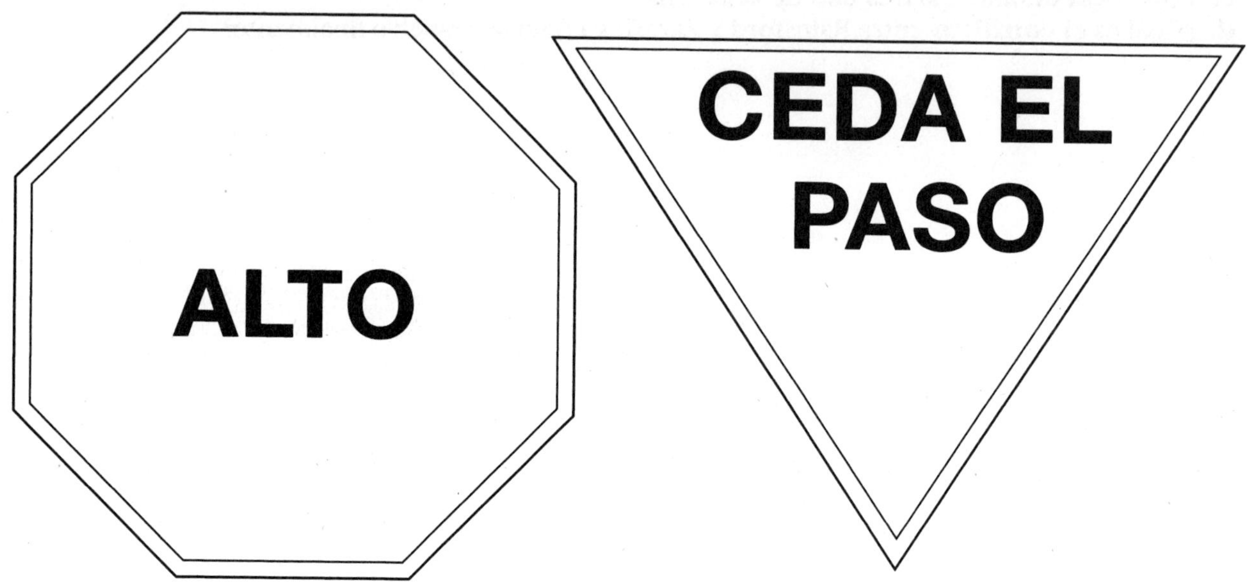

1. ¿Cuál de estas dos alternativas es más probable? Justifica tu respuesta con datos del cuento.

____

____

____

____

2. Si Rainsford hubiera dado caza a otros hombres con el general Zaroff, ¿piensas que el general Zaroff le habría permitido a Rainsford vivir, sin haberlo convertido en su presa? Justifica tu respuesta con datos del cuento.

____

____

____

____

Veneno

Roald Dahl

Conexiones

Atrapados por nuestros miedos
Tres personajes se enfrentan tanto entre sí como con el peligro, en una casa en la India de la época colonial. A medida que se desarrollan los hechos, nos vemos involucrados en sus terribles conflictos y temores. Supón que te encuentres ante un grave peligro. ¿Cómo reaccionarías? ¿Con valentía? ¿Con temor? O, ¿quizás con algo de lo que te podrías avergonzar?

Notas

Escribe tus respuestas a la pregunta anterior. ¿Puedes pensar en situaciones en las que el peligro pueda sacar a relucir lo peor en las personas?

Elementos de literatura

La garra del suspenso
Un escritor nos mantiene en **suspenso** haciéndonos sentir inseguros, aunque muy interesados, sobre lo que pueda venir. El suspenso es lo que nos hace seguir pasando las páginas. La palabra *suspenso* está relacionada con la palabra *suspendido.* Cuando sentimos suspenso, sentimos como si estuviéramos suspendidos en el espacio, como los personajes en una película que se aferran al borde de un precipicio por las puntas de los dedos, pataleando en al aire. Eso es suspenso y ésa es la razón por la que cuentos como éste de Dahl se llaman «de suspenso».

> El **suspenso** es la incertidumbre o la ansiedad que sentimos sobre lo que sucederá a continuación en un cuento.
>
> *Para más detalles sobre* Suspense *(Suspenso), ver páginas 32-33 y el Manual de términos literarios.*

Destrezas y estrategias de la lectura

Observa lo que lees: Hazte preguntas
Los escritores crean suspenso planteando interrogantes en la mente del lector. Este cuento gira en torno a un gran interrogante, pero al final puedes encontrarte con que tienes más preguntas.

Observa lo que vayas leyendo, y anota las preguntas que se te presenten. No las tienes que contestar, el escritor lo hará por ti (pero puede que no te las responda todas).

Antecedentes

El cuento se desarrolla en la India, cuando el país estaba todavía bajo dominio británico. Hubo una época en que el imperio británico abarcaba casi una cuarta parte del globo terrestre. Entre las colonias de ese poderoso imperio se hallaba el enorme subcontinente de la India. Muchos indios resentían el control que los británicos imponían sobre todas sus instituciones: sus leyes, educación, ejército y gobierno. Las diferencias religiosas también eran motivo de conflicto. La mayoría de los indios eran hindúes; un número menor eran musulmanes. Los ingleses eran en su mayoría cristianos. Algunos de los conflictos latentes que posteriormente dieron lugar a tremendos derramamientos de sangre en la India aparecen en este cuento, que hace referencia a más de un tipo de veneno.

RESUMEN

Este cuento de suspenso se desarrolla en la India colonial, y explora el conflicto entre las culturas británica e india. Timber Woods, el narrador, llega a su casa una noche y se encuentra a Harry Pope, con quien comparte la casa, en cama, y aterrorizado de que le pudiera morder una «krait», una serpiente mortalmente venenosa. Harry cree que la «krait» está dormida sobre su estómago, bajo la sábana. El suspenso aumenta a medida que ansiosamente tratan de decidir qué hacer. El más leve movimiento puede provocar la mordedura de la serpiente, pero no hacer nada deja a Harry en el mismo peligro. Timber llama a un médico indio, el doctor Gardenbai, quien arriesga su propia vida para salvar la de Harry. Al final del cuento, ambos tiran de la sábana y descubren que no hay ninguna «krait». O nunca existió, o escapó sin que nadie se diera cuenta. El doctor Gardenbai se lo toma a broma y Harry, humillado, reacciona lanzándole un epíteto racista. Irónicamente, el «veneno» en el cuento resulta ser el malévolo y amargo prejuicio que Harry expresa contra el sorprendido médico.

REVISIÓN, P. 91

a. ¿Qué pistas nos indican inmediatamente que hay algún problema con Harry?
b. ¿En qué momento nos damos cuenta de cuál es precisamente el **conflicto externo** en el cuento?
c. ¿Qué plan pone en marcha finalmente el doctor Gardenbai para resolver el conflicto?
d. ¿Cuál es el resultado de la búsqueda de la serpiente?
e. Al final, ¿qué cosas crueles le dice Harry al doctor Gardenbai?

ORGANIZADOR GRÁFICO PARA LA LECTURA ACTIVA, P. 4

Veneno

Roald Dahl   **Edición del alumno, página 80**

Atrapados por nuestros miedos

El miedo puede provocar comportamientos y reacciones muy diferentes, algunas previsibles y otras sorprendentes. En «Veneno», nos encontramos con Harry Pope, un personaje paralizado por el miedo. Lee la narración que figura al tope de la columna derecha, página 79. A continuación, en el espacio situado abajo a la izquierda, utiliza palabras, dibujos o ambos para presentar cuál podría ser su estado de ánimo en tu opinión. Después de leer el cuento, piensa cómo ha cambiado tu opinión sobre su estado de ánimo. Finalmente, incluye palabras, dibujos o ambos en el espacio a la derecha, que expresen tu impresión corregida sobre Harry.

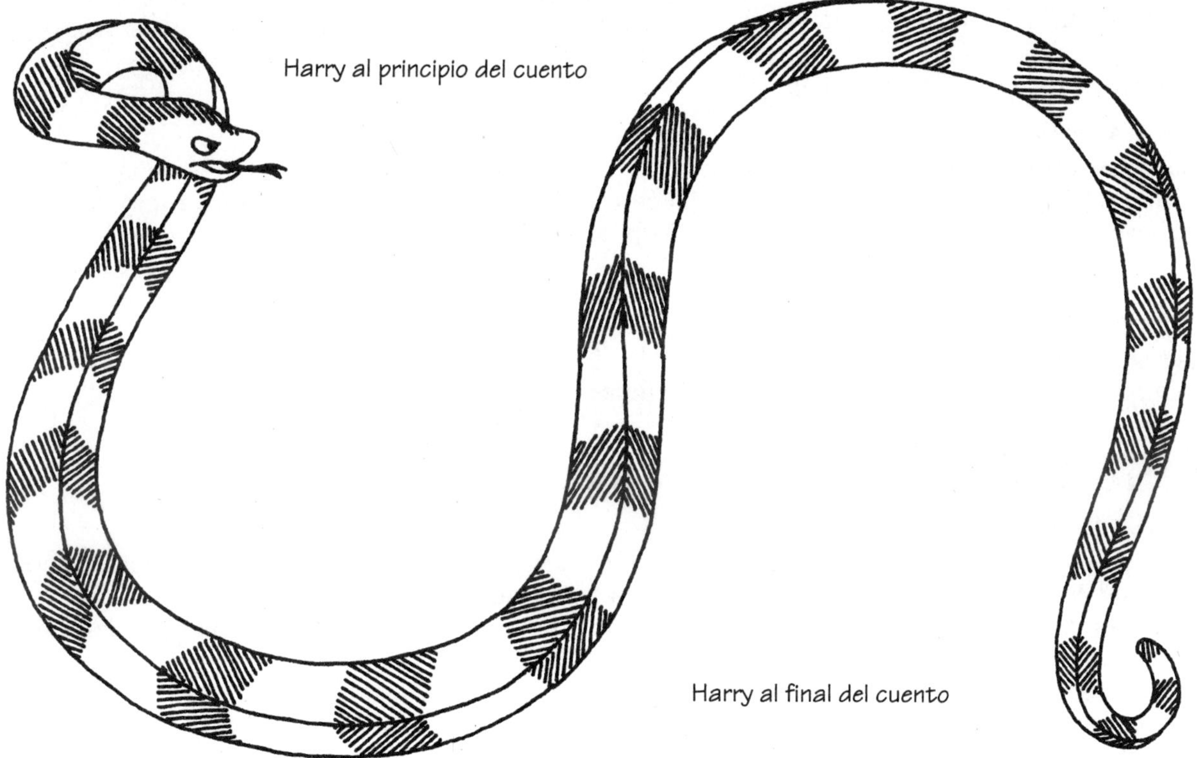

1. ¿En qué se diferencia tu impresión inicial de la izquierda de tu impresión de la derecha?

____

____

____

2. ¿Por qué completaste cada sección como lo hiciste? Cita al menos dos ejemplos de la narración que respalden tu respuesta.

____

____

____

Los intrusos

Saki

Conexiones

Mi vecino, mi enemigo
La mayoría de las discusiones pueden resolverse cuando las personas acceden a hablar o a transar. Pero algunas discusiones se agudizan tanto que se mantienen a lo largo de generaciones. A los niños se les enseña a odiar a los enemigos de sus familiares, que a su vez aprenden el odio recíproco. Piensa en Romeo y Julieta; piensa en regiones enteras del mundo actual que se han enfrentado en conflictos durante generaciones

Notas

Escribe unos pocos ejemplos de enemistades que han dividido familias e incluso países. ¿Qué es lo que mantiene vivo ese enconado odio?

Elementos de literatura

Finales sorpresivos
Un gran **final sorpresivo** es aquel que tiene sentido pero que no se podía haber adivinado. En el cuento de Saki la sorpresa final hace que el lector vuelva a pensar sobre el relato. La sorpresa le da un nuevo sentido a los acontecimientos que la precedieron.

> Un **final sorpresivo** es el que resuelve el conflicto en un relato de una manera totalmente inesperada, pero lógica. Un final sorpresivo es un buen lugar donde buscar el sentido de un cuento.

Destrezas y estrategias de la lectura

Observa lo que lees
Los buenos lectores revisan automáticamente lo que leen. Saben cuándo tienen que buscar ayuda y saben qué estrategias seguir para comprender una parte difícil. Comprueba qué tal revisas tu lectura del desusado cuento de Saki. Ten a mano un cuaderno o una libreta de notas autoadhesivas. A continuación, algunas pautas de guía:
- Haz preguntas. A medida que vas leyendo, cambia tus predicciones.
- Cuando no entiendas una palabra y no esté definida, busca claves en el contexto.
- Divide oraciones largas en otras más breves.
- En las oraciones complicadas busca el sujeto y el verbo.
- Detente al final de un párrafo que creas importante, y resúmelo. Si no entiendes un párrafo, léelo de nuevo.

Antecedentes

Este relato tiene lugar en un espeso bosque, en las faldas de los Montes Cárpatos, que se extienden a través de Polonia, Eslovaquia, Rumania y Ucrania. En la época en que se desarrolla el cuento, probablemente a fines del siglo XIX, las familias aristocráticas eran dueñas de grandes extensiones de tierras, casi tan grandes como países.

Un cazador furtivo es alguien que va a cazar o pescar ilegalmente en una propiedad privada. Hubo una época en Europa en que si alguien era sorprendido cazando furtivamente en una propiedad, podía ser condenado a muerte.

RESUMEN

Ulrich von Gradwitz y Georg Znaeym mantenían una encarnizada disputa que habían heredado de sus familias desde hacía varias generaciones. El conflicto era sobre una franja del bosque que delimitaba sus respectivas propiedades. Una noche, Ulrich estaba patrullando sus tierras buscando a Georg porque creía que éste estaría cazando furtivamente. De repente, en medio de un solitario y oscuro lugar del bosque, los dos se encuentran frente a frente, cada uno con la intención de matar al otro. Pero antes de que ninguno pudiera disparar, un árbol les cae encima, dejándolos atrapados. Al principio, cada uno dice que sus hombres llegarán primero, y matarán al otro. Pero a medida que el tiempo pasa, empiezan a darse cuenta de la insensatez de su disputa. Entonces ambos hacen las paces, prometiéndose amistad eterna. Juntos gritan pidiendo ayuda. Ulrich ve con alegría unas figuras aproximándose, creyendo que era gente que venía a rescatarlos. Pero en el sorpresivo final, se da cuenta de que no son sus salvadores, sino una jauría de lobos.

REVISIÓN, P. 101

Haz un esquema del cuento «Los intrusos» llenando los siguientes espacios en blanco:

Personajes: ____

____

Escenario: ____

____

Conflicto: ____

____

Acontecimientos principales: _______________________________________

____

____

Momento culminante y desenlace: ____________________________________

____

ORGANIZADOR GRÁFICO PARA LA LECTURA ACTIVA, P. 5

Los intrusos

Saki   **Edición del alumno, página 94**

Mi enemigo, mi amigo

En esta narración, la desgracia hace que dos enconados enemigos se hagan amigos. En el espacio en blanco de la izquierda, haz una lista de los sentimientos y hechos de la primera parte de la narración que muestren que los dos hombres son enemigos. A continuación, en el espacio en blanco de la derecha, haz otra lista de los sentimientos y hechos de la segunda parte de la narración que muestren que los dos hombres son amigos.

Enemigos	Amigos

1. El hecho de hallarse inmovilizados juntos bajo un árbol, ¿cómo contribuye a que estos dos enemigos se conviertan en amigos?

____

____

____

2. ¿Qué podría ayudarte a ser amigo de alguien con quien no estés de acuerdo? Explica cómo podrías lograrlo.

____

____

____

Gracias, Señora

Langston Hughes

Conexiones

Actitudes

Cuenta un dicho que cuando el camino se hace duro, sólo los duros caminan. Ciertamente, en circunstancias muy duras algunas personas pueden seguir avanzando. Tienen un espíritu que les hace progresar, que los impulsa a hacer cosas heroicas. ¿Qué es lo que hace tan firmes a estas personas, tan fuertes de espíritu? ¿Por qué estas personas resultan ser buenas? ¿Por qué otras van por caminos tan equivocados?

Notas

Antes de leer «Gracias, Señora», escribe dos o tres oraciones analizando tu opinión sobre estos difíciles interrogantes. Enumera los factores que a tu juicio influyen en cómo resultan ser las personas. Guarda las notas.

Elementos de literatura

Personajes bajo estrés

Tanto en la vida real como en la ficción las personas tienden a expresarse de una forma más dramática cuando se encuentran bajo estrés: cuando se encuentran en una situación problemática en la que deben actuar. En este cuento dos de los personajes tienen un tenso encuentro. El escritor deja que sus actos y palabras (o sus silencios) nos revelen qué tipo de personas son... o podrían ser.

> **L**os **personajes** bajo estrés a menudo se dan a conocer, y nos muestran sus valores, mediante lo que dicen y cómo actúan.
>
> *Para más detalles sobre* Character *(Personaje), ver páginas 130-131 y el Manual de términos literarios.*

Destrezas y estrategias de la lectura

Haciendo inferencias: opiniones fundadas

La mayoría de los buenos escritores no revelan directamente cómo son los personajes; dejan que saquemos nuestras propias conclusiones. Cuando **haces una inferencia**, das un salto a lo desconocido. Utiliza tus observaciones y experiencias para opinar sobre algo que en realidad no conoces a fondo. Pero una inferencia es sólo una opinión al azar. Es una opinión fundada, ya que se basa en evidencias del texto. Después de leer este cuento, repásalo y anota las pistas que a tu juicio revelen algo importante sobre los dos personajes. Fíjate en lo que *dicen* (o no dicen), y en como *actúan*.

Un día bien entrada la noche, Roger, que quiere un par de zapatos de gamuza azul, intenta robarle el bolso a la señora Jones, que caminaba por la calle dirigiéndose a su casa. Falla el intento, la señora Jones lo agarra por el cuello, sin que el muchacho tenga fuerza para resistirse. Ella le obliga a ir a su casa, le da de comer, charla con él y le da diez dólares para que se compre los zapatos.

REVISIÓN, P. 127

Escribe los **principales acontecimientos** de este cuento como si estuvieras haciendo un reportaje para un periódico. Contesta las preguntas que los periodistas deben contestar en sus artículos de prensa. **¿Qué** sucedió? **¿A quién** le sucedió? **¿Cuándo y dónde** sucedió? **¿Por qué** sucedió? Después en clase compara tu lista de acontecimientos. ¿Todos los estudiantes tomaron nota de los mismos detalles?

ORGANIZADOR GRÁFICO PARA LA LECTURA ACTIVA, P. 6

Gracias, Señora

Langston Hughes   **Edición del alumno, página 120**

Actitudes

Las personas de espíritu fuerte, como la señora Jones, generalmente influyen en quienes los rodean. Para comprender la influencia que la señora Jones puede haber ejercido en Roger, usa palabras, frases o bocetos para completar los dibujos de ojos, de acuerdo con las leyendas incluidas. Después contesta las preguntas que siguen.

Opinión de Roger sobre sí mismo

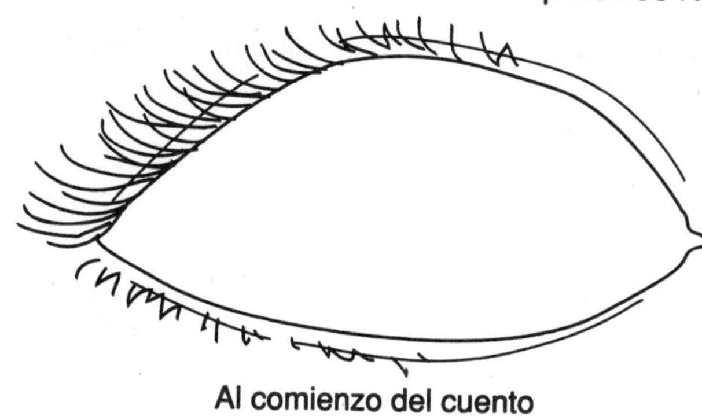

Al comienzo del cuento

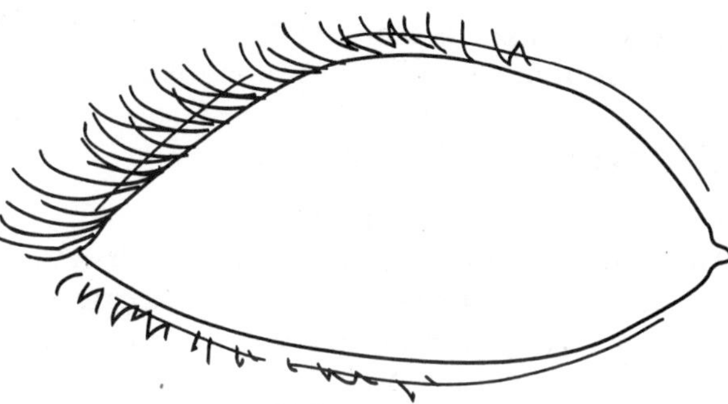

Al final del cuento

Opinión de Roger sobre la señora Jones

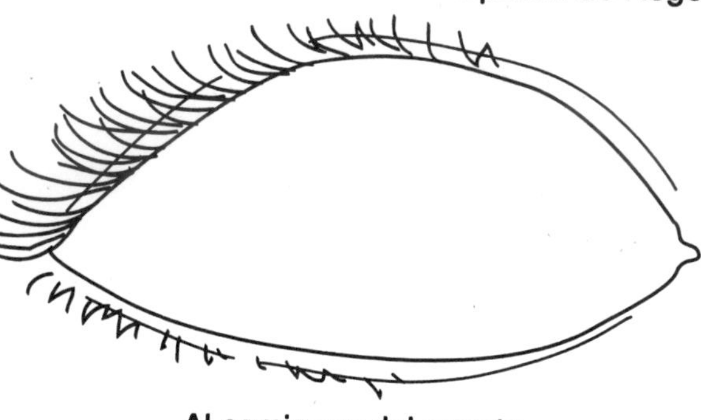

Al comienzo del cuento

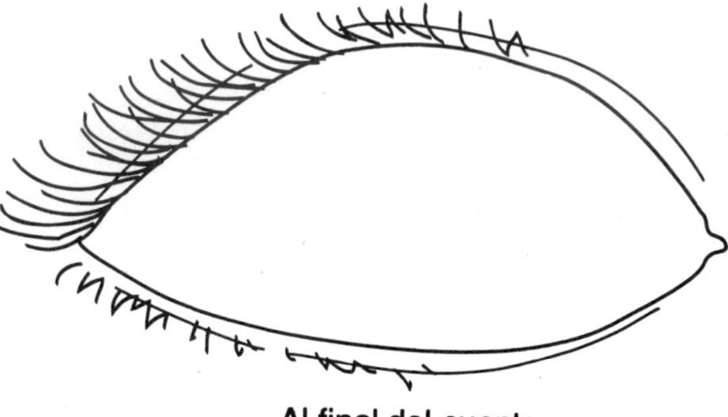

Al final del cuento

1. ¿En qué datos del cuento basas tu respuesta a cada uno de los dibujos?

____

____

____

2. ¿En qué se diferencian los detalles e imágenes que anotaste en la parte izquierda de los de la derecha?

____

____

____

Recuerdo de Navidad

Truman Capote

Conexiones

Los generosos

Uno de los misterios del espíritu humano es la generosidad, especialmente la de aquellos que no poseen mucho. Esta historia nos habla sobre un personaje inolvidable, su pequeño primo y su generosidad a la hora de celebrar la Navidad. El relato también revela algo sobre la naturaleza de la amistad y el amor perdurable, incluso cuando para el resto del mundo esa amistad sea extraña y no se perciba el amor en absoluto.

Notas

¿Qué se regalan los amigos? Piensa sobre tu amistad más antigua. ¿Por qué crees que hay amistades que perduran y otras no? Apunta tus ideas y guarda tus notas.

Elementos de literatura

Caracterización indirecta

Decimos que la caracterización es **indirecta** cuando el escritor nos presenta a un personaje describiendo su estilo de hablar, su apariencia, sus pensamientos o sus acciones. Esto significa que tenemos que procesar toda esta información y sacar nuestras propias conclusiones sobre el tipo de persona que conocemos. La caracterización directa es como conocer a personas en la vida real. En la vida real las personas no llevan un letrero en la frente diciendo como son. En la vida real las observamos, escuchamos lo que dicen, vemos cómo se comportan, y luego sacamos nuestras propias conclusiones.

> **E**n una **caracterización indirecta**, el escritor presenta a sus personajes a través de su forma de hablar, sus acciones, su aspecto, sus pensamientos, y la influencia que ejercen sobre otros personajes.
>
> *Para más detalles sobre* Character *(Personaje), ver páginas 130–131 y el Manual de términos literarios.*

Destrezas y estrategias de la lectura

Haciendo inferencias: Busca las pistas

Un diagrama como el de abajo te ayudará a analizar los personajes de un cuento. Completa un diagrama similar al leer «Recuerdo de Navidad», o cuando analices el cuento después de la primera lectura. Cuando hayas reunido las pistas, examina tu diagrama cuidadosamente. Luego trata de escribir una o dos oraciones resumiendo el carácter de cada uno de los personajes que conociste.

Pistas para la caracterización
Palabras del personaje:
Apariencia del personaje:
Acciones del personaje:
Pensamientos del personaje.
Reacciones de otros:
Comentarios directos del escritor:
Entorno (donde vive el personaje):

RESUMEN

Buddy narra en primera persona lo que recuerda de la última Navidad que pasó con su prima, cuando él tenía siete años y ella unos sesenta. El relato comienza cuando la prima de Buddy declara «que hace un buen día para hornear pasteles de Navidad». Con alegría y determinación, y con grandes esfuerzos, reúnen los ingredientes para hornear los pasteles. El día de Navidad se regalan mutuamente cometas de fabricación casera. Sus familiares desaprueban esta relación, y la interrumpen, enviando a Buddy a una escuela militar. Poco tiempo después Buddy llora la muerte de su prima.

REVISIÓN, P. 161

a. ¿Qué sabes acerca de la persona que cuenta la historia? ¿Qué relación tiene con la anciana, a la que llama «mi amiga»?

b. ¿Por qué Buddy y su amiga hacen pasteles de Navidad todos los años?

c. ¿Qué problemas tienen que superar para hacerse regalos?

d. ¿Qué sorprende a Buddy y a su amiga cuando visitan al señor Haha Jones?

e. ¿Qué descubre la amiga de Buddy después de volar la cometa en su último día de Navidad juntos?

ORGANIZADOR GRÁFICO PARA LA LECTURA ACTIVA, P. 8

Recuerdo de Navidad

Truman Capote   **Edición del alumno, página 144**

Los generosos

En «Recuerdo de Navidad» leemos acerca de la generosidad de dos personas que se tienen cariño, pero que tienen poco dinero. Ninguno puede darse el lujo de hacerse costosos regalos mutuamente. En cambio, Buddy y su amiga comparten muchos regalos sencillos, a menudo intangibles. Por ejemplo, al llevar a Buddy a buscar el perfecto árbol de Navidad, ella le revela su amor por la belleza y su determinación.

En la parte izquierda del diagrama de la cometa que ves a continuación, haz una lista de algunos regalos y experiencias que los personajes comparten entre sí. En el lado derecho escribe el significado que tiene cada uno de los regalos o experiencias para la persona que los recibe.

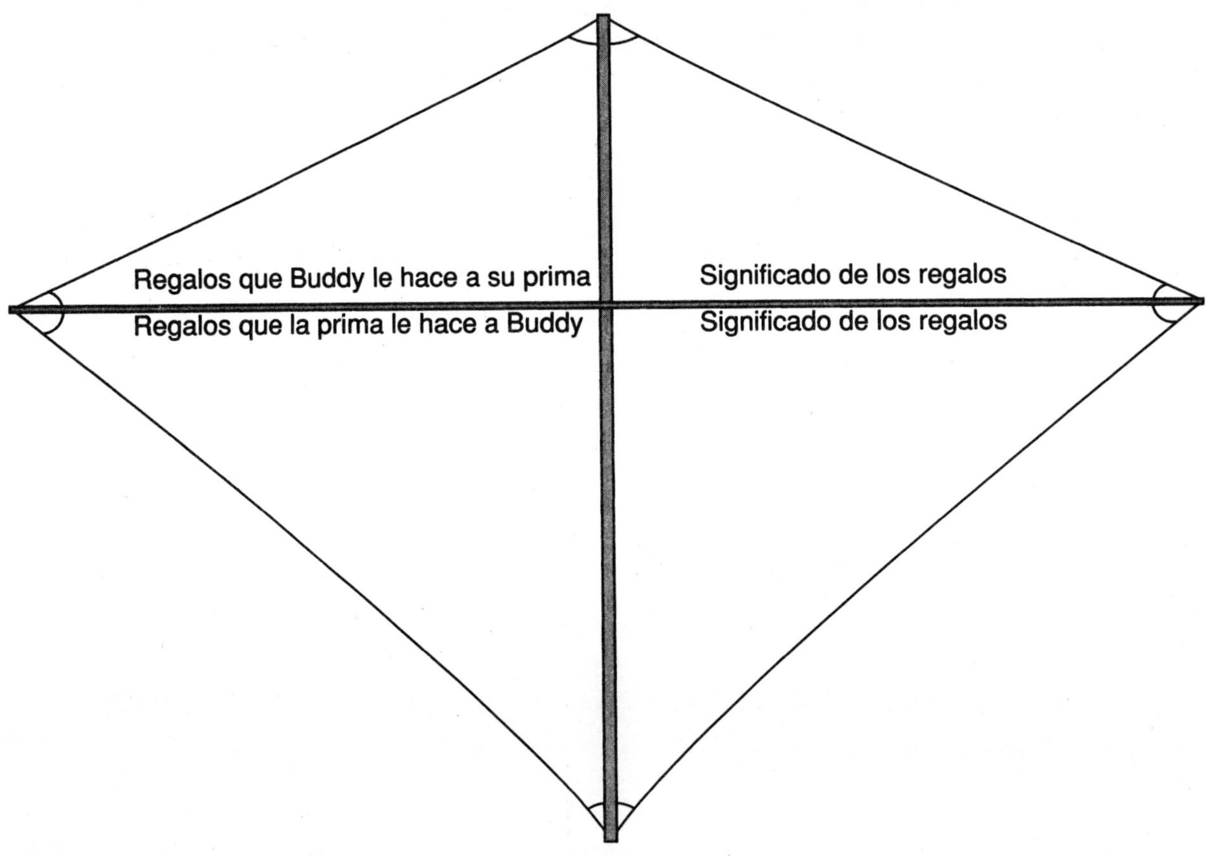

Varios de los regalos que su prima le hace a Buddy le dejan una profunda impresión. En los siguientes renglones describe esos regalos y, citando ejemplos del cuento, explica por qué perduran en su memoria.

____

____

____

____

Un hombre llamado Caballo

Dorothy M. Johnson

Conexiones

Lo que podemos soportar

Ésta es una historia del espíritu humano, de lo que puede soportar y de lo que valora por encima de todo en la vida. Jack Schaefer, autor de la novela *Shane,* podía estar pensando en esta historia cuando dijo que sólo Dorothy Johnson podía escribir de una forma tan perspicaz tanto sobre los colonos blancos como sobre los indios, «esas personas desplazadas que vieron cómo les arrebataban sus tierras y cómo su estilo de vida se desmoronaba ante el inevitable avance del hombre blanco. Aquí no se embellece ni se cubre de romanticismo ni a los colonos ni a los indios. Se trata de algo mucho más sutil y apasionante, un retrato honesto del bien y del mal, de la fuerza y de la fragilidad, de lo admirable y de lo despreciable, tanto en las aldeas de los blancos como en los poblados de los indios…»

Notas

Has leído el título. ¿De qué piensas que trata la historia? Anota tus suposiciones. ¿Quién es el hombre llamado Caballo, y qué le sucede?

Elementos de literatura

El escenario le da realismo

El escenario puede incluir la época en la que transcurre el relato, el clima, las costumbres de la gente, cómo viven, qué hacen para divertirse, cómo visten, sus creencias, su alimentación. El escenario proporciona el trasfondo, es decir, el lugar donde los personajes viven y actúan. En algunos cuentos, como éste, el escenario es tan crucial que la historia no podría transcurrir en ningún otro lugar.

> **E**l escenario dice dónde y cuándo transcurre la historia.
>
> *Para más detalles sobre* Setting *(Escenario), ver páginas 164–165 y el Manual de términos literarios.*

Destrezas y estrategias de la lectura

Analiza tu comprensión

Mientras leas, escribe las preguntas que se te ocurran sobre el relato y sobre su original escenario. Anota tus reacciones a las acciones y a los sufrimientos de los personajes. Anota todos los detalles que puedas querer discutir después. Por ejemplo, ¿crees que Johnson es imparcial con todos sus personajes?

Antecedentes

Antes de 1845, la mayor parte del oeste de Estados Unidos era una frontera, y no formaba parte del país. «Un hombre llamado Caballo» comienza en 1845 y se sitúa en territorio indio. Los «Crows», la tribu que el cuento presenta con tal realismo, en esa época trasladaba sus asentamientos con frecuencia, siguiendo a las manadas de búfalos.

RESUMEN

En 1845, un joven de Boston, desencantado con su vida tranquila y segura, viaja hacia el Oeste, al borde de la frontera norteamericana. Los Guerreros Crows lo capturan y lo llevan como esclavo a su campamento. Trata de mantener algo de dignidad, pensando que es un caballo, un dócil y paciente portador de cargas. Adopta el nombre de «Caballo», aprende el lenguaje Crow, aprende a cazar, adquiere cinco caballos, se casa con una joven Crow, de quien se enamora. Con el tiempo, aprecia la humanidad de los Crows y aprende a disfrutar la vida con ellos. Cuando su mujer muere en un parto, se queda voluntariamente durante un tiempo para atender a su suegra, que le ruega humildemente que se quede, llamándole «hijo». Él acepta, llamándole «madre».

REVISIÓN, P. 179

a. Indica los escasos detalles que el cuento presenta sobre el **escenario** de Boston. ¿Por qué no es feliz el personaje?

b. En contraste, se incluyen muchos detalles sobre el **escenario** de los Crows. Describe por lo menos cinco de las costumbres de la cultura Crow que hayas aprendido en este cuento.

c. ¿Cómo se convierte el protagonista en caballo?

d. Nombra las dos cosas que suceden en un mismo día y que le hacen pensar a Caballo que puede volver a ser un hombre.

e. ¿Por qué se casa Caballo con Ternera Bonita? ¿Qué sucede con su condición social en la comunidad Crow después de su matrimonio?

Un hombre llamado Caballo

Dorothy M. Johnson   **Edición del alumno, página 166**

Lo que podemos soportar

Caballo no siempre actúa como esperamos o admiramos. Abajo encontrarás dos recuadros. Mientras lees, anota tus impresiones sobre el comportamiento de Caballo en momentos clave del cuento. Si piensas que su comportamiento es firme o admirable, descríbelo en el recuadro con el símbolo del pulgar hacia arriba. Si piensas que actúa de forma débil o despreciable, descríbelo en el recuadro con el símbolo del pulgar hacia abajo.

1. Imagina que has soportado lo mismo que Caballo. Después de imaginarte los sufrimientos de Caballo, describe tu impresión general sobre Caballo. ¿Es positiva o negativa? ¿Por qué?

____

____

____

2. Si crees que el comportamiento de Caballo es apropiado en todo momento, explica por qué. Si crees que Caballo se comporta a veces en forma poco apropiada, describe su comportamiento y explica por qué no apruebas sus acciones.

____

____

____

Salvador tarde o temprano

Sandra Cisneros

Conexiones

Los niños invisibles

Sandra Cisneros nos presenta aquí sólo una rápida visión de un niño al que llama Salvador. Hay muchos otros «Salvadores» en el mundo. Algunas veces pasan inadvertidos. La impresión que nos producen es tan fugaz como esta breve historia.

Notas

Escribe unas notas sobre algún niño que se te ocurra, de tu vecindario o de las noticias, cuyas dificultades en la vida o pequeños actos de valentía pasan casi inadvertidos.

Destrezas y estrategias de la lectura

Interpretación oral

Practica leer en voz alta esta tierna historia, hasta que tu interpretación te satisfaga. Éstas son las técnicas vocales interpretativas que debes tener en cuenta: **rapidez** de lectura, lugares y tiempo de las **pausas** que hagas, subida y bajada de la voz (**tono**), y la suavidad o intensidad de la voz (**énfasis**). Para más detalles sobre interpretación oral, ver la página 582 del Taller del hablar y escuchar.

RESUMEN

En esta viñeta, Sandra Cisneros utiliza un lenguaje simple y evocador para presentar un retrato de Salvador, un niño de corta edad cuyas responsabilidades, que incluyen preparar a sus hermanitos para ir a la escuela, exceden con mucho a las propias de su edad. Salvador es un niño callado a quien nadie nota, cuyo nombre su maestra no puede recordar, cuya esperanza y pena están encerradas en su pequeño cuerpo.

REVISIÓN, P. 186

Describe las cosas que Salvador hace por la mañana, como si él mismo se las estuviera explicando a otro niño o a un adulto. Empieza por la primera acción y continúa hasta que hayas completado su día escolar.

Salvador tarde o temprano

Sandra Cisneros   **Edición del alumno, página 182**

Los niños invisibles

Mucha gente cree que la infancia es una época especial. Completa el dibujo de la casa que encontrarás a continuación con palabras, símbolos o esbozos que describan tu idea sobre un ambiente ideal donde pueda crecer un niño.

Después de la lectura

1. La casa que describes es un ideal. Sin embargo, muchas veces la realidad dista mucho de lo ideal. Como Salvador, otros niños pasan muchas penurias en su infancia. ¿En qué se parece el hogar de Salvador a la casa que describiste en el dibujo anterior?

____

____

____

2. ¿En qué se diferencia el hogar de Salvador de la casa que describiste en el dibujo?

____

____

____

El regalo de los Reyes Magos

O. Henry

Conexiones

El regalo perfecto
La ficción, como la vida, nos depara muchas sorpresas. A O. Henry le gustaba poner un toque, o resorte, de sorpresa en sus argumentos. En «El regalo de los Reyes Magos» cada protagonista planea hacerle un regalo al otro, y como se quieren tanto, ambos buscan el regalo perfecto. Lo que sucede no es en absoluto lo que esperaban.

Notas

Si pudieras salvar una sola cosa de un desastre, como un incendio, una inundación, un terremoto, ¿qué sería? En pocas palabras, describe tu tesoro más preciado y di por qué le tienes tanto apego. ¿Fue un regalo?

Elementos de literatura

Situaciones irónicas
Con frecuencia, cuando leemos un cuento pensamos que va a suceder algo, sólo para vernos sorprendidos cuando lo que sucede es completamente diferente de lo que creíamos. Ésta es una situación irónica, que nos recuerda que por mucho que creamos que podemos controlar nuestras vidas, la suerte o lo inesperado a menudo tiene la última palabra.

> **U**na situación irónica ocurre cuando sucede lo opuesto de lo que esperábamos.
>
> *Para más detalles sobre* Irony *(Ironía), ver páginas 212–213 y el Manual de términos literarios.*

Destrezas y estrategias de la lectura

Predicciones: ¿Qué sucederá a continuación?
¿Por qué leemos? Una razón es que somos curiosos. Al principio de una historia, el escritor plantea una situación que crea muchas incógnitas. Seguimos leyendo porque queremos saber qué pasará. Lee el primer párrafo de este cuento, para, y haz una predicción. ¿Qué crees que pasará a continuación? Detente por lo menos un par de veces más a lo largo de la historia, y escribe tu predicción sobre el resto. ¿Qué pasará? Mientras haces eso, considera estas preguntas: ¿Te mantiene en suspenso el escritor? ¿Tiene éxito sorprendiéndote? Guarda las notas.

Antecedentes

Los Reyes Magos a los que se refiere O. Henry en este cuento son «los reyes magos» de Oriente que trajeron obsequios de oro, incienso y mirra al niño Jesús. Según la tradición, éstos fueron considerados los primeros regalos de Navidad.

RESUMEN

Este cuento clásico de O. Henry, escritor conocido por sus característicos «resortes» de sorpresa o de final imprevisto, es una historia de amor desinteresado entre marido y mujer. Una Navidad, Della vende su larga y preciosa melena para comprarle a Jim, su marido, una cadena de platino para su preciado reloj. Mientras tanto, él vende el reloj para comprarle a Della un costoso juego de peinetas para su cabellera.

REVISIÓN, P. 209

Supón que estás contando el relato de Della y Jim a un grupo de amigos. Identifica a los dos **personajes**, diciendo lo que cada uno de ellos **quiere** hacer, resume los **acontecimientos principales** y el **desenlace** del relato.

El regalo de los Reyes Magos

O. Henry **Edición del alumno, página 202**

El regalo perfecto

¿Qué es lo que más valoras? ¿Un objeto que encontraste mientras acampabas? ¿Algo para lo que ahorraste durante semanas? ¿Una persona? ¿Una determinada cualidad de una persona? ¿Una idea?

En «El regalo de los Reyes Magos» los personajes estaban muy encariñados con un reloj y una larga cabellera; sin embargo, como se querían más el uno al otro, se desprendieron de sus más preciadas posesiones.

En el cofre del tesoro de abajo explica con símbolos, dibujos o palabras las cosas que aprecias. Pueden ser objetos, personas, animales, cualidades, actividades, ideales. Nómbralas o dibújalas. Son *tus* tesoros.

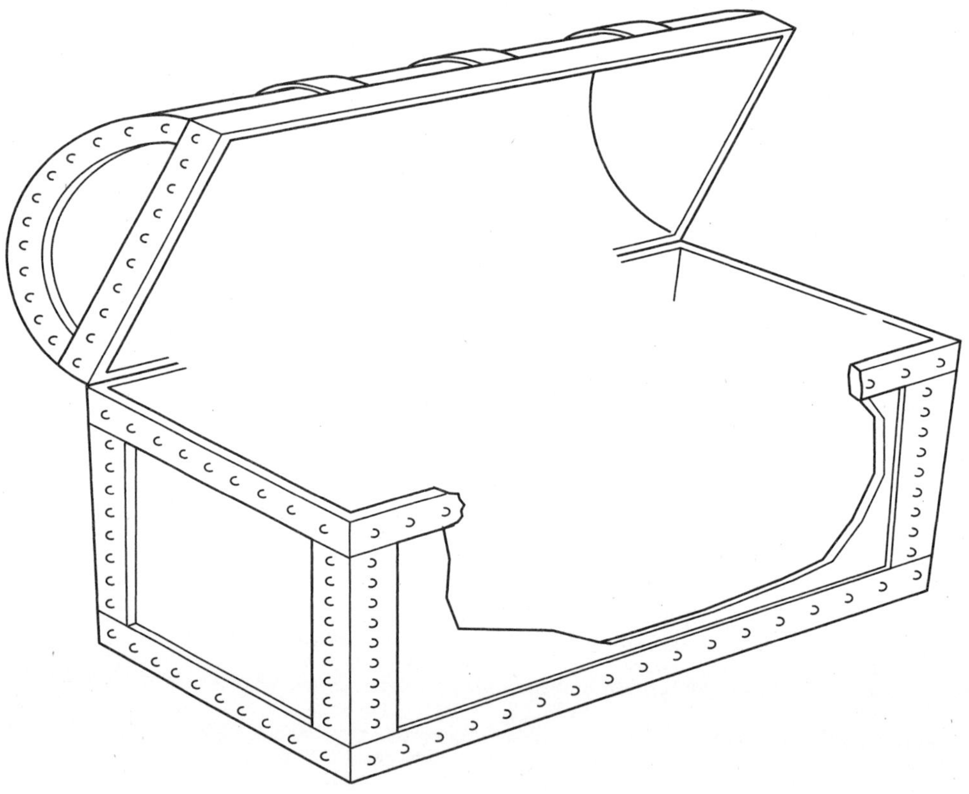

Identifica tres de esas cosas que podrías dar como «regalos» a otros. En los renglones a continuación, indica por qué aprecias estas cosas y por qué crees que otros las apreciarían como regalos.

____

____

____

____

____

El collar

Guy de Maupassant

Conexiones

Lo ajeno es mejor

Todos nosotros pensamos en algún momento que lo ajeno es mejor que lo nuestro. En otras palabras, que la vida de los otros es mejor que la nuestra. Creemos que si tuviéramos lo que tienen otros seríamos más felices, hasta que experimentamos los inesperados resultados de la envidia.

Notas

Anota en unos cuantos renglones lo que piensas sobre la envidia. ¿Has visto algunos de sus efectos negativos? ¿Conoces a alguien que no sienta ninguna envidia? (¿Es eso posible?)

Elementos de literatura

El punto de vista del narrador

A de Maupassant le interesaba la sicología de sus personajes, por lo que no nos debe extrañar que relate este cuento desde el punto de vista de Mathilde Loisel. Inmediatamente, el narrador se centra en Mathilde. En los primeros siete párrafos nos enteramos de su pasado, de sus sueños, de lo que la hace infeliz, de lo que envidia en otras personas, de lo que cree que la hará feliz. Seguimos a Mathilde tan de cerca a lo largo de una crisis en su vida, que la ironía revelada al final del cuento nos impacta de una forma tan contundente como la que sorprende a la propia Mathilde.

> **L**a narración en tercera persona se concentra en los pensamientos y sentimientos de un solo personaje del cuento.
>
> *Para más detalles sobre* Point of View *(Punto de Vista del narrador), ver páginas 218-219 y el Manual de términos literarios.*

Destrezas y estrategias de la lectura

Resumir: fórmula de una trama

La trama de muchos cuentos cortos y de películas se puede resumir con esta fórmula. **Alguien quiere… pero… así que…** La trama empieza con **alguien** (el personaje principal) que **quiere** algo desesperadamente, **pero** algo o alguien se interpone en su camino (el conflicto), **así que** el personaje toma medidas para superar los obstáculos. Recuerda que esta fórmula puede repetirse varias veces en un cuento, hasta el final del argumento. Cuando termines «El collar» fíjate si cumple con esta fórmula.

Antecedentes

«El collar» se desarrolla en París a fines de la década de 1880. En esa época y en aquel lugar las clases sociales eran muy importantes; la gente nacía dentro de una determinada clase social, y normalmente permanecía en ella. Para más información sobre el mundo al que pertenecían los personajes de este cuento, lee «Mundos separados» en la página 223.

RESUMEN

Este cuento, narrado en tercera persona, empieza con el conflicto interno de Mathilde Loisel. Trata de una mujer muy bella, casada con un burócrata poco importante, que desprecia su vida y sueña con riquezas y categoría social. Cuando tiene la oportunidad de asistir a una gran recepción, pide prestado un collar de diamantes a una amiga rica. Mathilde causa sensación en la fiesta, pero pierde el collar. Los Loisel piden prestado una enorme suma de dinero para poder reponer el collar, y durante diez años sobreviven en extrema pobreza para pagar la deuda. Al final del cuento, Mathilde, demacrada y envejecida, por casualidad se encuentra con la dueña del collar y le cuenta todo. La gran ironía es que la amiga le revela que el collar original era una imitación.

REVISIÓN, P. 229

Resume la trama de este cuento, usando la fórmula de: **Alguien quiere... pero... así que...** (Asegúrate de comparar tu resumen en la clase.)

El collar

Guy de Maupassant   **Edición del alumno, página 220**

Lo ajeno es mejor

¿Alguna vez te has enterado de que algún amigo tuyo tiene algo, un juego de video, un estéreo con mejor sonido, ropa elegante, e inmediatamente has deseado tener lo mismo? Lo que sentías podía ser envidia. Se pueden envidiar cosas materiales o algo menos material, como por ejemplo la popularidad, rasgos atractivos, habilidades, o incluso una tez clara. Cuando tal sensación se lleva al extremo, el resultado puede ser trágico, como en el caso de Mathilde Loisel en «El collar».

Utiliza el siguiente cuadro para hacer una lista de personajes envidiosos de cuentos de hadas, libros, o películas. Después describe el resultado de la envidia de esos personajes.

Personajes envidiosos	Resultados

1. Explica si tus ejemplos de envidia indican más resultados negativos que positivos y por qué.

____

____

____

2. ¿Qué pueden hacer estos personajes para evitar sentimientos de envidia?

____

____

____

El barril de amontillado

Edgar Allan Poe

Conexiones

Venganza—sus efectos espeluznantes
Durante su breve y atormentada vida, Edgar Allan Poe buscó en vano amor y aceptación. Quizá para desquitarse de un mundo que creyó que lo rechazaba, se convirtió en un maestro de historias de venganza. Piensa en la idea de a venganza. ¿Qué experiencias pueden llevar a alguien a buscar venganza? ¿Cómo puede la obsesión por la venganza terminar en una tragedia?

Notas

Habla con otros para compartir tus ideas sobre la venganza. Anota tus reacciones. Incluye películas, programas de televisión y cuentos que se desarrollen en torno a la idea del vengador.

Elementos de literatura

¿Es de fiar el narrador?
Una de las primeras preguntas que nos hacemos al leer un cuento es: ¿quién lo cuenta? o ¿quién habla? La historia de Poe la cuenta un hombre que revela su identidad y sus propósitos mientras él y un amigo avanzan por un pasillo subterráneo. A lo largo de los años, desde que Poe escribió la ahora famosa historia, la gente se ha preguntado: ¿Es de fiar el narrador? ¿Dice la verdad? ¿Nos engaña, es un mentiroso o está loco?

Un narrador no confiable es el que no siempre es claro sobre lo que sucede en un cuento, o que deliberadamente no dice toda la verdad.

Para más detalles sobre Point of View *(Punto de vista del narrador), ver páginas 218-219 y el Manual de términos literarios.*

Destrezas y estrategias de la lectura

Llegar a hacer conclusiones: jugando a ser detective
Cuando lees, eres como un detective. Recoges evidencia del cuento y, basada en ésta, sacas todo tipo de **conclusiones** o juicios. Supón que quieres decidir si el narrador en el cuento de Poe es una persona no confiable. Examina todo lo que el narrador **dice** y **hace**. Después examina todo lo que **dice** Fortunato, su enemigo. Observa cuidadosamente. ¿Qué detalles sustentarían una acusación de no confiabilidad, incluso de locura? Podrías tomar notas mientras lees.

Antecedentes

Hace siglos, en Italia, los primeros cristianos enterraban a los muertos en catacumbas, que son largos pasillos subterráneos. Más adelante, las familias adineradas construían catacumbas privadas debajo de sus casas. Oscuras y frías, estas cámaras servían no sólo para entierros sino también como almacenes para vinos de calidad, como, por ejemplo, en este cuento, el amontillado. La historia de Poe transcurre en la época de Carnaval, una fiesta que todavía se celebra en muchos países, incluso en partes de Estados Unidos. El Carnaval se celebra en febrero o marzo, antes del Miércoles de Ceniza y del comienzo de la Cuaresma, época de penitencia. Durante el Carnaval la gente usa máscaras y disfraces. Bailan y beben en las calles, antes de dejar de comer carne y de gozar de otros placeres para hacer penitencia por sus pecados.

RESUMEN

Montresor, un noble italiano que relata este clásico cuento de terror, ha jurado vengarse de Fortunato, quien según él, lo ha injuriado. Al encontrarse con Fortunato durante el Carnaval de invierno, lo saluda en forma muy amigable y lo invita a que lo acompañe a su casa, para probar un pequeño barril de vino amontillado que tiene en una bodega subterránea. Una vez que Fortunato está en el sótano lo encadena y lo entierra vivo. Cincuenta años más tarde, el crimen sigue sin esclarecerse. ¿Se puede creer a Montresor, o es un narrador no confiable? ¿Está mintiendo, o simplemente está loco?

REVISIÓN, P. 241

a. Según Montresor, ¿qué es un crimen perfecto?
b. ¿Cómo convence Montresor a Fortunato para que baje a las catacumbas?
c. ¿Cuál admite Montresor que es el **motivo** de su crimen?
d. Según Montresor, ¿qué tipo de persona es Fortunato?
e. ¿Qué evidencia sugiere que Montresor cometió el crimen perfecto?

ORGANIZADOR GRÁFICO PARA LA LECTURA ACTIVA, P. 14

El barril de amontillado

Edgar Allan Poe   **Edición del alumno, página 232**

Venganza—sus efectos espeluznantes

«El barril de amontillado» es un cuento de venganza y de algunos de sus efectos escalofriantes. Montresor dice que ha recibido mil injurias de Fortunato y que Fortunato le ha insultado. Montresor considera que estas injurias e insultos son causa más que suficiente para su deseo de venganza, un deseo que lo consume.

Utilizando tus conocimientos de cuentos, libros, programas de TV o películas, añade los nombres de otros tres personajes a la hilera superior de las piedras. Después, en las piedras de debajo de cada uno de los nombres, comenta el motivo que llevó a la venganza a cada uno de los personajes, y su efecto en su personalidad. A continuación puedes ver un ejemplo.

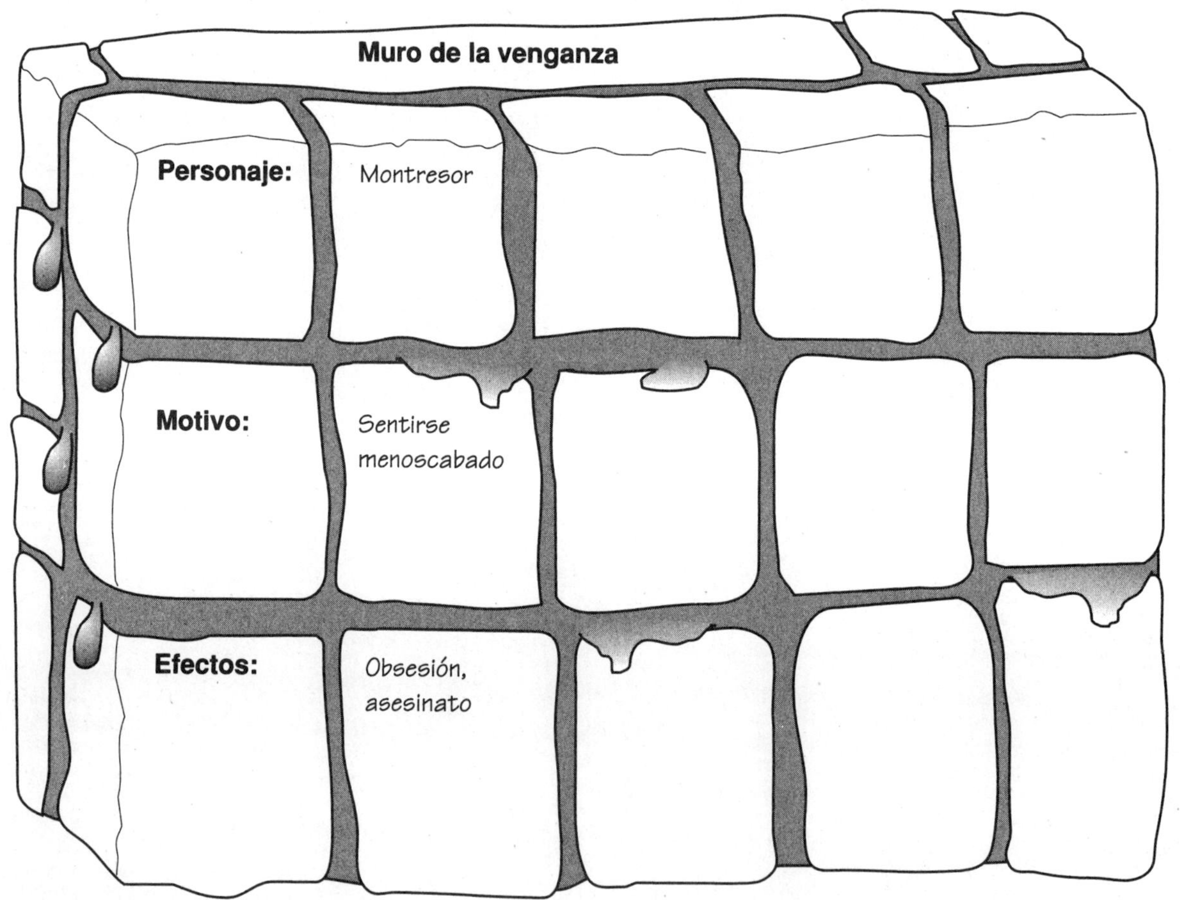

En tu opinión, ¿cuál es una característica común entre los «efectos» de la venganza? ¿Por qué?

____

____

____

Los blues no son un pájaro burlón

Toni Cade Bambara

Conexiones

Cantando los blues

El título de este cuento proviene de una vieja canción de blues de Misisipí, cantada por afronorteamericanos como expresión de sus vicisitudes. La canción nos dice que los blues no son ni lamentos ni cantos sobre la muerte (como se dice que es el canto del sinsonte o pajaro burlón). En realidad, los blues son canciones desafiantes que ayudan a la gente a seguir adelante.

Notas

En este cuento, los adultos tienen muchas razones para cantar los blues. Uno de los problemas es un camarógrafo que quiere filmarlos. Escribe rápidamente lo que piensas sobre las formas en que a veces la prensa interfiere en la vida y las penurias de la gente. Reflexiona luego sobre por qué le gusta a la gente ver el sufrimiento de otros por televisión.

Elementos de literatura

Título y tema

El título de un cuento o una novela forma parte del texto. De hecho, es lo primero que leemos, aunque muchas veces es lo último en lo que piensa el escritor. El título, sea cual sea, debiera brindar un enfoque sobre lo que trata el cuento.

Destrezas y estrategias de la lectura

Generalizando: grandes ideas

Continuamente tenemos la tendencia a generalizar, expresar manifestaciones ambiguas aplicables a muchas situaciones. Después de leer un cuento tratas de formarte una idea sobre el tema. El tema es expresado como una generalización sobre la vida, sobre nuestros deseos, nuestros temores, sobre cómo deberíamos vivir nuestra vida. Generalizas basándote en muchos detalles del texto, muchas veces incluso del título. Basándote en el título, que es una frase completa, ¿cuál piensas que sea el tema?

> **El título** nos da a menudo la clave sobre el tema del cuento.
>
> *Para más detalles sobre* Theme *(Tema), ver páginas 264–265 y el Manual de términos literarios.*

RESUMEN

Dos insensibles realizadores cinematográficos que filman una película documental sobre el programa de cupones para alimentos invaden la vida privada de los abuelos Cain, una digna pareja de ancianos. Los cineastas tienen buenas intenciones, pero no tratan a los Cain con el debido respeto. Se meten en sus vidas privadas, hacen tomas de su vivienda rural e interrumpen su quehacer diario, sin pedir permiso alguno. Los abuelos Cain, repetida pero cortésmente, rechazan al equipo de filmación mientras el narrador y otros niños los miran. Cuando por fin la abuela Cain le dice a su marido que los eche, éste soluciona el conflicto quitándoles el rollo de película de su cámara.

REVISIÓN, P. 275

a. ¿Qué personajes forman parte del **conflicto**?
b. ¿Qué detalles del cuento explican por qué la abuela se ha mudado tantas veces?
c. ¿Por qué quieren filmar a esta familia?
d. ¿Por qué no le gustan los cineastas a la abuela?
e. ¿Qué hace por fin el abuelo Cain para **resolver** el conflicto entre la abuela y el equipo de filmación?

Los blues no son un pájaro burlon

Toni Cade Bambara   **Edición del alumno, página 266**

Cantando los blues

«Los blues no son un pájaro burlón» tiene muchos personajes. Completa el diagrama que encontrarás a continuación, y así comprenderás mejor a los personajes y verás cómo se relacionan entre sí. Dentro de los círculos que se conectan con la abuela Cain escribe el nombre de cada miembro de la familia y del equipo de filmación. Después, en los óvalos describe la relación o los sentimientos entre los personajes. Tienes un ejemplo ya hecho.

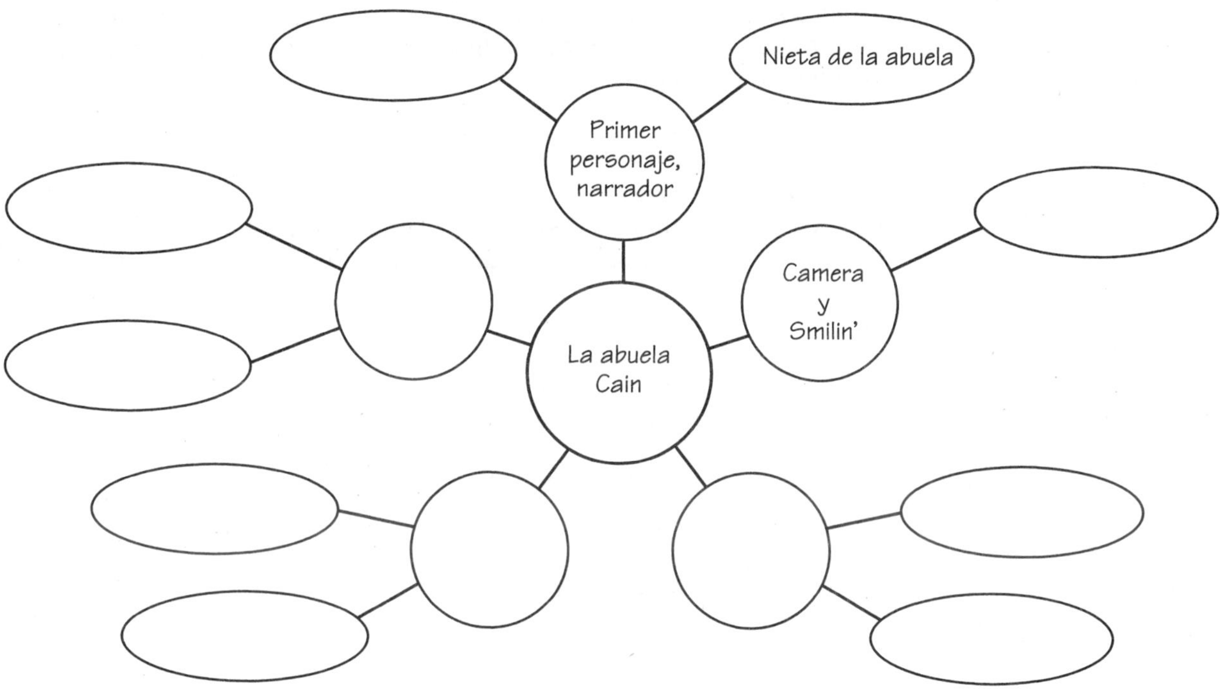

1. ¿Cómo ayuda Cathy a que el lector comprenda mejor la historia?

____

____

____

____

2. Si pudieras ser un personaje en este cuento, ¿cuál elegirías? ¿Por qué? Básate por lo menos en un ejemplo del relato.

____

____

____

____

Caléndulas

Eugenia W. Collier

Conexiones

El comienzo de la compasión

La época de la Depresión es el telón de fondo de este cuento, pero no se trata solamente de la economía y de cómo el dinero o la falta de éste afecta a las familias. Se trata también del paso de la niñez a la mayoría de edad, un cambio que generalmente se caracteriza por conflictos. En realidad, negociar ese paso exige tanto valor como la lucha contra un enemigo externo o una penuria económica.

Notas

Antes de leer escribe tu respuesta a la siguiente pregunta: ¿Cuáles son los temores y conflictos por los que la mayoría de los jóvenes tienen que pasar antes de llegar a ser adultos? Guarda estas notas para cuando tengas que hablar sobre este cuento.

Elementos de literatura

Conflicto interno

A pesar de que en este cuento hay una confrontación violenta, también ocurren importantes conflictos en la mente y el corazón de Lizabeth, una joven de catorce años. Algunos dirían que está combatiendo sus propios «monstruos» internos.

> **E**n un **conflicto interno** un personaje lucha para resolver algún problema personal, como el miedo, la timidez, la ira o la ansiedad.
>
> *Para más detalles sobre* Conflict *(Conflicto), ver páginas 32-33 y el Manual de términos literarios.*

Destrezas y estrategias de la lectura

Identifica los pasajes clave

Mientras lees este cuento, anota los pasajes clave en los cuales el escritor parece hacer una importante aseveración general sobre la vida. Cuando termines de leer el cuento, hojea el texto y busca otros pasajes que te parezcan especialmente importantes. Prepárate para explicar por qué piensas que uno en particular es el más importante. Debes encontrar una relación directa entre la parte que escogiste y el tema del cuento.

Antecedentes

En la década de 1930 una terrible depresión económica afectó a todo el mundo. Los bancos cerraron, la gente perdió sus ahorros, la Bolsa de Valores se derrumbó, hubo quiebras comerciales en todo Estados Unidos, y las fábricas cerraron sus puertas. Durante esos años la vida fue muy difícil para casi todos los norteamericanos. Pero, como dice la narradora de este cuento, la Depresión no era nada nuevo para su familia: los trabajadores negros de la Maryland rural estaban acostumbrados a los tiempos difíciles.

RESUMEN

La narradora del cuento es Lizabeth, una niña afronorteamericana pobre. El escenario son los campos de Maryland durante la época de la Depresión. Un día, Lizabeth, su hermano y sus amigos se burlan de la señorita Lottie, una anciana que vive con su hijo, retrasado mental. Ella cultiva en su jardín un espectacular conjunto de caléndulas, que presentan un brillante contraste con su casa destartalada. Los niños tiran piedras a las caléndulas y lanzan insultos a la señorita Lottie. Poco tiempo después, sin embargo, a Lizabeth se le presenta un conflicto interno: Empieza a sentirse avergonzada de su comportamiento. Esa noche escucha a sus padres mientras hablan, y por primera vez oye a su padre sollozar, desesperado, por no poder mantener a su familia. Su madre lo consuela, pero Lizabeth no puede dormir. Entonces despierta a su hermano, y ambos regresan a la casa de la señorita Lottie. Impulsada por el temor, la necesidad, la confusión y la desesperanza, en un arranque de violencia Lizabeth destruye lo que queda de las caléndulas. Cuando la señorita Lottie sale, Lizabeth mira la cara de la anciana y por primera vez se da cuenta de su humanidad. La joven descubre la compasión: aprende a respetar a la gente, logrando esto tras perder su inocencia.

REVISIÓN, P. 289

a. ¿Dónde y cuándo sucede el cuento?
b. ¿Quién es la señorita Lottie? Y, ¿por qué le temen los niños?
c. Describe la confrontación entre la señorita Lottie y los niños.
d. ¿Qué descubre Lizabeth acerca de sus padres esa noche?
e. Años después, ¿qué cosas acerca de la señorita Lottie y de sí misma puede expresar la narradora?

ORGANIZADOR GRÁFICO PARA LA LECTURA ACTIVA, P. 17

Caléndulas

Eugenia W. Collier   **Edición del alumno, página 278**

El inicio de la compasión

En «Caléndulas», Lizabeth nos describe el preciso instante en que se vuelve compasiva:

> «La inocencia implica aceptar ciegamente las cosas por su valor aparente, ignorando lo que hay debajo de la superficie. En ese humillante momento vi más allá de mí misma y en las profundidades de la otra persona. Éste fue el comienzo de la compasión, y no se puede ser inocente y compasivo a la vez.»

Nadie es totalmente compasivo, o inocente o egoísta en todo momento. Todos somos una mezcla de eso, y esa mezcla cambia a medida que crecemos.

Cada círculo representa a un personaje del cuento. Dibuja segmentos dentro de los círculos, indicando qué personajes hay en la historia y divídelos con líneas para demostrar la proporción de inocencia, egoísmo o compasión que crees corresponde a cada uno de ellos. Sombrea la parte que representa la compasión. Incluimos un ejemplo.

Dando un ejemplo tomado del relato, explica cada parte sombreada para apoyar tu división del círculo.

Ejemplo:

Lizabeth al comienzo del cuento | Lizabeth al final del cuento | La madre de Lizabeth durante el cuento

Joey durante el cuento | La señorita Lottie al comienzo del cuento | La señorita Lottie al final del cuento

Lizabeth al comienzo del cuento: _No es muy compasiva porque tira piedras a las caléndulas de la señorita Lottie._

Lizabeth al final del cuento: _______________

La madre de Lizabeth durante el cuento: _______________

Joey durante el cuento: _______________

La señorita Lottie al comienzo del cuento: _______________

La señorita Lottie al final del cuento: _______________

Historia de Estados Unidos

Judith Ortiz Cofer

Conexiones

Oportunidades perdidas

Parece muy fácil. Quieres ser amigo de alguien que en principio parece interesante, agradable, listo, con talento, pero muy diferente a tí. Por ejemplo, puede ser mucho mayor o menor, puede ser de otro país, hablar otro idioma. Ser amigo suyo podría no ser tan fácil.

Destrezas y estrategias de la lectura

Dialoga con el texto

Mientras lees «Historia de Estados Unidos», anota las ideas, preguntas y predicciones que se te vayan ocurriendo. Asegúrate de que escribes tus reacciones a algunas declaraciones que los adultos hacen en el cuento. Algunas te pueden parecer tendenciosas o injustas, o tal vez todas te parezcan válidas. En un registro de doble columna puedes escribir estos párrafos y tus impresiones sobre ellos.

Elementos de literatura

Tema y pasajes clave

El escritor puede revelar el tema de muchas maneras. A veces puede aparecer claramente en el texto, pero en la mayoría de los cuentos de ficción tienes que fijarte en todo lo que pasa para deducirlo o incluso adivinarlo. Muchas veces una parte clave del cuento te ayuda a descubrir el tema. No todos ven el mismo tema en el mismo cuento. Algunos escritores dicen que ni ellos mismos saben el significado del cuento hasta que sus personajes le piden encarecidamente que lo revele.

> **U**n cuento puede contener varios pasajes que revelen la esencia del **tema**.
>
> *Para más detalles sobre* Theme *(Tema), ver páginas 264–265 y el Manual de términos literarios.*

Antecedentes

El día 22 de noviembre de 1963, el presidente John F. Kennedy muere asesinado en Dallas, Texas, mientras participa en un desfile en automóvil. Ese día inolvidable es una parte importante de la mitología norteamericana, es decir, forma parte de lo que pensamos de nosotros como nación. Aún hoy, gente de todos los niveles sociales habla de lo que hacía o dónde estaba el día del asesinato de Kennedy. En este cuento, Elena tiene un motivo personal muy importante para recordar el día en que murió Kennedy.

RESUMEN

Elena, la narradora en primera persona, es una muchacha puertorriqueña de catorce años que vive con su familia en un edificio de apartamentos en Paterson, Nueva Jersey. A Elena le gusta Eugene, un joven rubio que vive en la casa de al lado. El día del asesinato del presidente John F. Kennedy se produce un conflicto externo. Mientras la madre de Elena llora su muerte, lo único que Elena quiere es ir a la casa de Eugene, y estudiar para un examen de historia de Estados Unidos. La madre de Eugene, que no quiere que su hijo haga amigos en el vecindario, le dice que se vaya. Más tarde ese día, Elena trata de sentir congoja por la muerte del Presidente, pero siente un conflicto interno porque se da cuenta que sus lágrimas se deben a la pérdida de su amigo. El cuento termina sin resolver el conflicto entre los sentimientos personales de Elena y lo que cree que debiera sentir por el asesinato del presidente Kennedy. La joven descubre que los prejuicios y los sentimientos personales no se dejan «aplazados» ni cuando el país llora unido una trágica pérdida.

REVISIÓN, P. 300

Imagina que han pasado cincuenta años. Los nietos de Elena estudian la década de 1960 en su clase de historia. Sus deberes son entrevistar a alguien que vivía en esa época. Escenifica la entrevista con un compañero. Uno de ustedes será el nieto y le preguntará a la abuela Elena sobre la década de 1960. La contestación de Elena será resumir los acontecimientos principales que ocurrieron el día del asesinato de Kennedy.

Historia de Estados Unidos

Judith Ortiz Cofer   **Edición del alumno, página 292**

Oportunidades perdidas

¿Has perdido, alguna vez, la ocasión de hacer un amigo por circunstancias fuera de tu control? En «Historia de Estados Unidos» Elena y Eugene tienen la oportunidad de ser amigos, pero a sus madres no les gusta esa relación, por diferentes razones. Mientras leas, compara la madre de Elena con la de Eugene completando el diagrama de Venn, que está parcialmente completo.

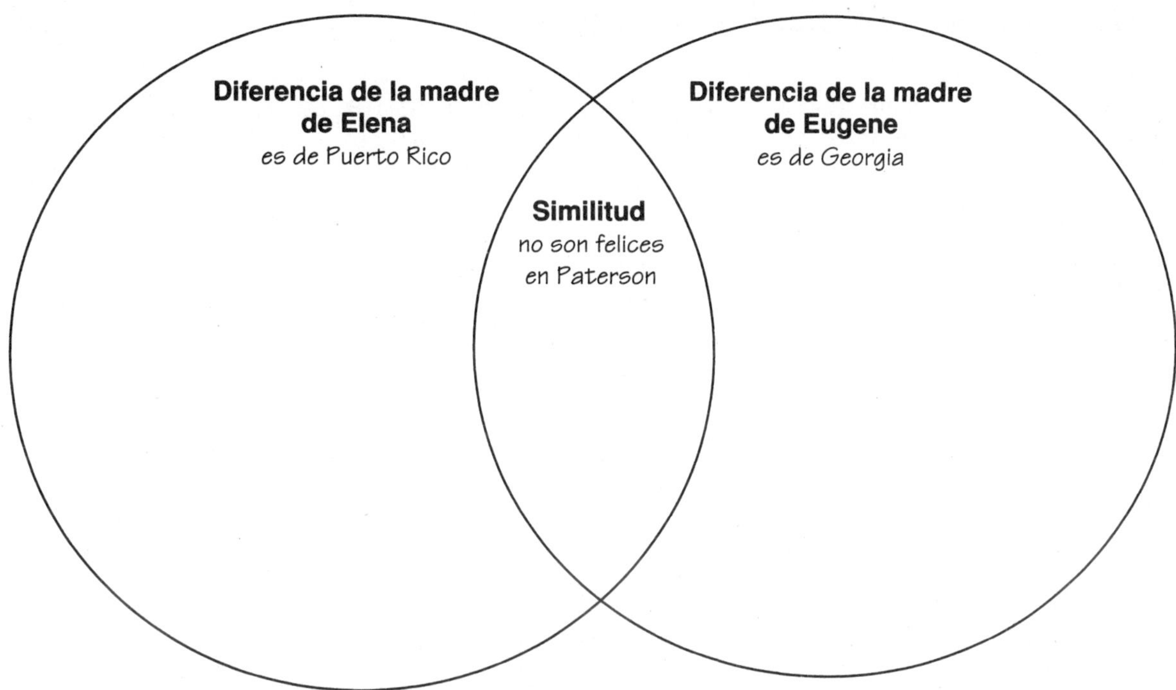

1. Elena y Eugene nunca tienen la oportunidad de decirles a sus madres los motivos por los que quieren ser amigos. Con tus palabras, explícales a sus madres por qué deberían ser amigos.

____

____

____

____

2. ¿Qué ganarían estas madres siendo amigas y alentando a que sus hijos lo fueran?

____

____

____

____

____

El ibis escarlata

James Hurst

Conexiones

Sucedió en el Sur

Hay quienes dicen que «El ibis escarlata» es un cuento que nunca olvidarán. Su trama se desarrolla en el sur de Estados Unidos. Su momento culminante tiene lugar en 1918, el año en que finalizó la primera guerra mundial. En el relato encontrarás referencias a batallas que se desarrollan en países lejanos y que no tienen nada que ver con el sereno sur norteamericano, pero la historia no es sobre la gran guerra sino sobre una pequeña pero trágica lucha entre dos jóvenes hermanos.

Destrezas y estrategias de la lectura

Dialoga con el texto

Lee hasta el final del párrafo que comienza «Ya era bastante malo» (página 317). Haz una pausa y escribe por lo menos tres dudas que tengas. Cuando termines la lectura, comprueba si estas dudas se te han despejado.

Elementos de literatura

Símbolos

Nos comunicamos por medio de símbolos. Usamos grupos de sonidos o letras para identificar cosas del mundo externo e ideas de nuestro propio mundo interior. Estos sonidos o letras no son esas cosas o ideas, sólo simbolizan o representan tales cosas o ideas. En literatura, un símbolo es algo diferente. Es un objeto, una persona o un suceso determinado que representa algo más que sí mismo. En el cuento «Caléndulas» (página 279), esas flores resistentes podrían ser el símbolo de esperanza y fortaleza. Pero como sucede con todos los símbolos, para ti las caléndulas pueden representar otra cosa distinta. En realidad, los símbolos en la literatura pueden representar cosas diferentes para cada uno de nosotros.

> **Un símbolo** es un objeto, una persona o un suceso que tiene identidad propia, pero también puede significar algo más que sí mismo.
>
> *Para más detalles sobre* Symbol *(Símbolo), ver el Manual de términos literarios.*

RESUMEN

El narrador de este cuento en primera persona es un muchacho cuyo hermano menor, llamado Doodle, tiene una discapacidad física de nacimiento. Se creía que Doodle moriría, pero sobrevive. El narrador tiene que cuidar a su hermano, lo lleva a todas partes en un carrito. Muchas veces se siente frustrado, pero después de muchos esfuerzos logra enseñarle a caminar. Orgulloso de su éxito, el narrador se afana en enseñarle a correr, nadar, subir a los árboles y a luchar. En un episodio simbólico, que anticipa el trágico final, Doodle entierra un pájaro muerto, el brillante «ibis escarlata» del título. Poco después, el esfuerzo físico aplicado para tratar de aprender todas esas habilidades físicas lo deja gravemente debilitado. En la escena culminante Doodle sufre un fatal ataque al corazón, mientras corre intentando alcanzar a su hermano, que lo ha dejado solo. El conflicto entre los hermanos es resuelto con un final desafortunado. El narrador se siente culpable por la muerte de su hermano, y descubre demasiado tarde lo mucho que lo quería.

REVISIÓN, P. 325

a. ¿Desde el punto de vista de quién se relata el cuento?

b. ¿Cuándo tiene lugar el cuento sobre Doodle?

c. ¿Qué razones tiene el narrador para enseñarle a caminar a Doodle, y por qué éste llora cuando su familia lo felicita por su esfuerzo?

d. Después de que Doodle aprende a caminar, ¿qué trata de enseñarle su hermano para prepararlo para que vaya a la escuela?

e. ¿Cómo reacciona Doodle ante el ibis escarlata y a su muerte?

ORGANIZADOR GRÁFICO PARA LA LECTURA ACTIVA, P. 20

El ibis escarlata

James Hurst **Edición del alumno, página 314**

Sucedió en el Sur

Durante la lectura, utiliza la cámara que ves abajo para «fotografiar» las palabras que expresen lo que el narrador siente por su hermano. En cada recuadro escribe palabras, frases o diálogos que indiquen lo que el narrador siente por su hermano. Encontrarás un ejemplo ya preparado.

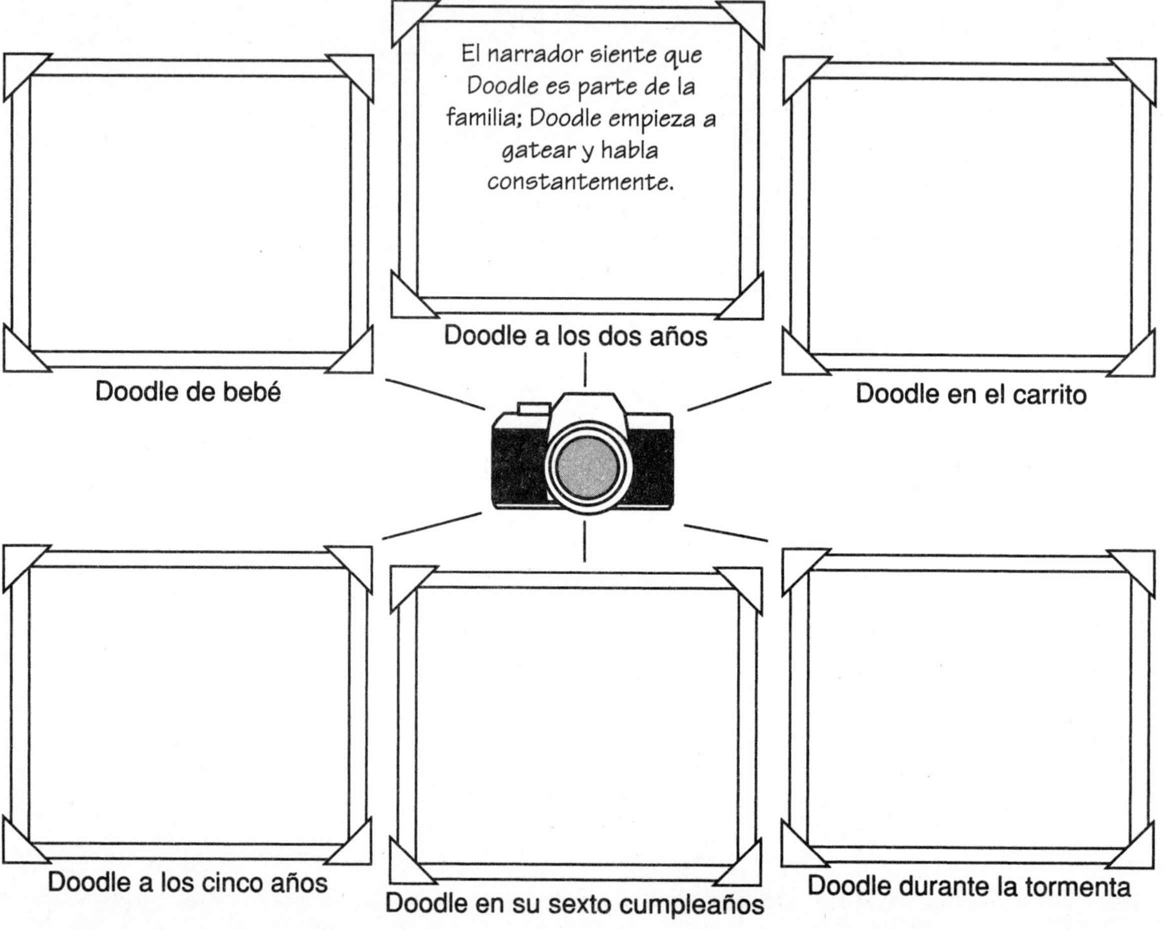

1. El cuento se desarrolla en la época de la primera guerra mundial. Describe la «batalla interna» del narrador sobre sus sentimientos hacia su hermano. ¿Cuáles son sus sentimientos en conflicto?

____

____

____

2. ¿Qué hace cambiar los sentimientos del narrador?

____

____

____

La lucha por ser una muchacha totalmente norteamericana

Elizabeth Wong

RESUMEN, P. 344

Cuando era pequeña, la narradora de estas memorias y su hermano fueron matriculados por su madre china en un programa para después de las clases, en una escuela china. Interesada mucho más en la cultura norteamericana que en la herencia cultural de su madre, la narradora se rebeló. Después de dos años, se le dio un «divorcio cultural» y se le permitió dejar la escuela china. De adulta, se arrepiente de haber roto los lazos con la cultura de su madre.

No mucho sobre mí / Con una tarea por hacer

Abraham Lincoln

Conexiones

En sus propias palabras
Probablemente, gracias a biógrafos, historiadores, profesores y programas de TV, sabes muchas cosas sobre Abraham Lincoln. Toda esta información procede de fuentes ajenas a Lincoln. ¿Qué crees que podrías aprender sobre Lincoln mediante sus propias palabras?

Destrezas y estrategias de la lectura

Usando conocimientos previos: ¿Qué hay de nuevo?
Todo lo que has oído o leído sobre Abraham Lincoln son **conocimientos previos.** Por ejemplo, seguramente sabes que fue presidente de Estados Unidos durante la guerra civil. ¿Qué más? ¿Sabes algo sobre su aspecto? ¿Su familia? Utilizando un cuadro como el de abajo, apunta alguna de las cosas que sabes sobre él. Una vez que leas estas notas autobiográficas, apunta la nueva información que Lincoln te da sobre sí mismo.

Lo que sé	Nueva información

Elementos de literatura

Tono: No lo pases por alto
El tono en el habla se expresa a través de la voz, del lenguaje corporal y de la selección de palabras. Por escrito, se expresa principalmente mediante la selección de palabras del escritor. En los escritos autobiográficos el tono es especialmente revelador. El escritor puede ser modesto o presumir de sus logros, satírico o generoso sobre otra gente, reflejar un sentido cómico o serio de la vida. Cuando leas, tienes que prestar atención al tono del escritor. Si malinterpretas el tono, puedes perder todo el sentido del texto.

> **E**l tono es la actitud que el escritor tiene hacia el públic, tema o personaje.
>
> *Para más detalles sobre* Tone *(Tono), ver páginas 586–587 y el Manual de términos literarios.*

Antecedentes

No mucho sobre mí. Sólo cinco meses antes de ser postulado para la presidencia en 1860, Lincoln escribió este borrador con sus datos personales para periodistas del este de EE.UU. «No hay mucho», Lincoln se disculpó, «por la razón, supongo, de que no hay mucho sobre mí». Ésta fue una de las pocas cosas que escribió sobre sí mismo. El texto se reproduce aquí exactamente como Lincoln lo escribió. Encontrarás algunas palabras y puntuaciones poco comunes.

RESUMEN

No mucho sobre mí. En este esbozo autobiográfico Lincoln describe los humildes orígenes de su familia y sus migraciones hacia el Oeste, además de sus breves estudios escolares en la Indiana rural, su servicio en la guerra contra Halcón Negro en 1832, su campaña política para la legislatura por Illinois y su práctica como abogado. Termina haciendo una humorística descripción de su aspecto físico.

Antecedentes

Con una tarea por hacer. Electo como presidente en 1860, Lincoln tuvo la triste tarea de marcharse de su hogar en Springfield, Illinois. Pronunció su emocionado discurso de despedida, «Con una tarea por hacer», desde la plataforma del último vagón del tren que tomó para ir a Washington y comenzar su nueva vida. Mientras lees, imagina a Lincoln pronunciando estas sencillas pero elocuentes palabras, en medio del ruidoso caos de la estación ferroviaria. Hay una particular tristeza en ese discurso. Cuatro años después, Lincoln fue asesinado en Washington. Sus restos fueron sepultados en Springfield.

RESUMEN

Con una tarea por hacer. Lincoln pronuncia una emocionada despedida a los habitantes de Springfield, Illinois, al disponerse a trasladarse a Washington como presidente recién electo de Estados Unidos. Entristecido por su partida, recuerda con cariño el pasado, e invoca la ayuda divina que lo guíe.

REVISIÓN, P 352

¿Cuáles acontecimientos fueron importantes en la extraordinaria vida de Lincoln? Haz una lista en **orden cronológico** de los **principales sucesos** de su vida, hasta que escribió «No mucho sobre mí».

No mucho sobre mí / Con una tarea por hacer

Abraham Lincoln   **Edición del alumno, páginas 348 y 350**

En sus propias palabras

En sus escritos Lincoln le causa una fuerte impresión en el lector, no sólo por los datos que brinda, sino también por su selección de palabras. En la burbuja que abajo se destina a las palabras de Lincoln, escribe por lo menos cuatro de las palabras o frases que usa para describirse a sí mismo o a su familia. En los renglones a la derecha del perfil, escribe lo que te sugiere cada palabra o frase sobre la personalidad de Lincoln.

1. Según tus comentarios de arriba, ¿qué impresión crees que Lincoln quería que sus oyentes o lectores tuvieran sobre él?

   ____

   ____

   ____

2. Si alguien a quien no conocieras te preguntara sobre tu pasado, ¿cuáles tres palabras elegirías para describirte? ¿Por qué elegiste esas tres palabras?

   ____

   ____

   ____

«Cuando dejo la carga que llevo»

Maya Angelou

Conexiones

Los recuerdos permanecen en nosotros

Todos recordamos a personas que hemos admirado, gente que era sabia, divertida o particularmente bondadosa. También nos acordamos de gente que no era tan perfecta, personas inquietas, exigentes y hasta crueles. Recordamos tanto las cosas buenas como las malas, y todas llegan a formar parte de lo que somos. La escritora Maya Angelou reflexiona sobre un incidente de su niñez, cuando vio un encuentro entre su querida abuela y unos niños mezquinos. ¿Por qué ese recuerdo la acompañará siempre?

Notas

¿Cuáles son algunas reacciones eficaces ante insultos o amenazas? ¿Podrías reaccionar sin provocar más problemas y aun así mantener tu dignidad? Si tuvieras que aconsejar a alguien menor que tú sobre cómo actuar ante la intimidación ¿qué le dirías? Escribe el consejo que le darías.

Elementos de literatura

Imágenes: hazlas realidad

Angelou se sirve de imágenes para que las personas y lugares que son tan reales para ella lo sean también para el lector. Nos describe las cosas para que podamos verlas y experimentarlas como ella hizo cuando era niña, como «minutos lentos como la melaza y fríos», o un delantal tan tieso con almidón que podía quedar parado y de niños con «el pelo grasiento y descolorido».

> **L**a **imagen** es el lenguaje que atrae a uno o más de nuestros sentidos: vista, oído, olfato, gusto o tacto.
>
> *Para más detalles sobre* Imagery (Imágenes), *ver páginas 492-493 y el Manual de términos literarios.*

Destrezas y estrategias de la lectura

Comparación de textos: búsqueda de similitudes

Te estarás preguntando por qué el título de la autobiografía de Angelou es *Yo sé por qué canta el pájaro enjaulado*. Encontrarás la fuente del título en un poema de Paul Lawrence Dunbar, «Compasión» (ver **Conexiones,** página 362). El relato de Angelou sobre su abuela tiene claras conexiones con «Compasión». Para encontrarlas, lee los dos textos dos veces cada uno. Después de la segunda lectura, haz una lista de las similitudes entre ambos. Ten en cuenta estas preguntas:
- ¿Está Mamá en una «jaula»?
- ¿Está la narradora en una «jaula»?
- ¿Canta Mamá a pesar de sus sufrimientos?

Las diferencias algunas veces también son importantes. ¿Encuentras diferencias entre los dos textos?

Antecedentes

«Cuando dejo la carga que llevo» es un fragmento de *«Yo sé por qué canta el pájaro enjaulado»*, la autobiografía de Maya Angelou. Cuando Angelou tenía tres años, sus padres se divorciaron y la mandaron en tren desde Long Beach, California, a una pequeña ciudad de Arkansas llamada Stamps, a vivir con su abuela y su tío. Le costó trabajo acostumbrase a vivir en esa ciudad sureña segregada, pero no pasó mucho tiempo hasta que Maya y su hermano mayor llamaran a la abuela «Mamá» y trabajaran en su tienda. En esta selección, Maya tiene diez años.

RESUMEN

En este episodio de su autobiografía, Angelou se concentra en la dignidad con que su abuela reaccionaba a las burlas crueles de las niñas blancas, quienes sabían que no podía regañarlas. Angelou cuenta con vívidas imágenes una historia sobre valentía y moderación, y sobre el amor, la lealtad y protección que mantuvieron unida a la familia durante generaciones en tiempos difíciles.

REVISIÓN, P. 363

a. Haz una lista de todo lo que sabes sobre el **escenario** de este incidente.
b. ¿Cómo se comportan las niñas «de clase baja» en la tienda?
c. ¿Cuál es la reacción de la narradora ante los insultos de las niñas groseras contra su abuela?
d. ¿Cómo responde la abuela al insulto?

«Cuando dejo la carga que llevo»

Maya Angelou　　　　　　　　　　　　　**Edición del alumno, página 356**

Los recuerdos permanecen en nosotros

En «Cuando dejo la cargo que llevo», leerás sobre el comportamiento mezquino de unas niñas respecto a la familia de la narradora. En las casillas de la parte izquierda, describe brevemente tres de las acciones de las niñas. Después, en las casillas de la parte derecha, describe las reacciones de los familiares de la narradora ante las acciones de las niñas.

Acciones de niñas mezquinas	Reacciones de miembros de la familia

1. ¿Por qué podemos considerar las reacciones de la mamá y del tío de Maya como una victoria?

____

____

____

____

2. ¿Por qué crees que el principal incidente de esta historia ha permanecido en la memoria de la narradora en una forma tan vívida a lo largo del tiempo?

____

____

____

____

Elección: Homenaje a Martin Luther King, hijo

Alice Walker

Conexiones

Homenaje

Con elocuencia y estilo, Martin Luther King, hijo, llevó a un público televisivo mundial el mensaje sobre los derechos humanos. Desde mediados de la década de 1950 hasta su muerte en 1968, su voz ha exhortado a la eliminación del racismo en Estados Unidos mediante una resistencia pacífica. King se convirtió en un símbolo de la lucha por la emancipación, para cumplir finalmente la promesa formulada hacía un siglo. Mientras leas, toma nota del lugar y de los asistentes al homenaje de Walker a King. King fue asesinado el 4 de abril de 1968 cuando estaba en un balcón de un motel en Memphis, Tennessee.

Notas

Forma grupos con tus compañeros, y traten el tema de King durante algunos minutos. ¿Qué hizo? y, ¿por qué es una figura tan importante? Haz una lista, y guárdala, de algunos resultados positivos que creas que fueron resultado de la obra y vida de King.

Elementos de literatura

La idea principal: ¿para qué?

Todos los discursos, ensayos y editoriales enfocan una **idea principal:** un mensaje, una opinión o una idea que el escritor quiere comunicarle al lector. Algunos escritores, principalmente los de editoriales, exponen su idea principal directamente. Pero en la mayoría de los casos la idea principal es **dada a entender,** o es sugerida.

> La **idea principal** es el mensaje, opinión o idea que un escritor quiere comunicar.

Destrezas y estrategias de la lectura

Identificación de la idea principal: cómo encontrarla

Cuando la idea principal está expresado directamente, no la puedes pasar por alto. Búscala cerca del principio o al final, de un discurso o un ensayo. Cuando la idea principal está implícita, la puedes descubrir haciendo **inferencias** u opiniones fundadas, sobre qué enfoque presenta el texto a través de todos los detalles incluidos. Cuando leas un discurso como éste, busca **declaraciones clave,** que te darán indicios sobre la intención más amplia de la narradora: su idea principal. Uno de los elementos clave en este discurso es una historia. ¿Por qué Walker nos la cuenta?

Aunque seis generaciones de Walkers trabajaron la tierra en Georgia, el racismo les impidió llamar a ese estado su hogar. Como muchos otros negros, los hermanos de Alice Walker se vieron obligados a marcharse del Sur para mejorar sus condiciones de vida. Walker recuerda la primera vez que vio en televisión una imagen de Martin Luther King, hijo, cuando era arrestado por defender valerosamente sus derechos. La autora utiliza este incidente para expresar su idea principal: Que la sabiduría y valentía de Martin Luther King, hijo, devolvió a los afro-norteamericanos su legado y sus antepasados: los recuerdos que permiten que la gente considere un lugar como su propio hogar.

REVISIÓN, P. 372

a. Identifica el **tiempo** y el **lugar** del discurso de Walker. ¿Qué significado tiene el lugar?

b. Según Walker, ¿por qué los afro-norteamericanos tuvieron que dejar el Sur?

c. ¿Cómo supo Walker por primera vez quién era Martin Luther King, hijo? ¿Cómo afectó su vida?

d. Según Walker, ¿qué legado dejó Martin Luther King, hijo? Enumera lo que nos dejó.

ORGANIZADOR GRÁFICO PARA LA LECTURA ACTIVA, P. 23

Elección: Homenaje a Martin Luther King, hijo

Alice Walker   **Edición del alumno, página 366**

Homenaje

Utilizando titulares de noticias o comentarios orales, llena la pantalla del televisor para indicar algunas de las imágenes e injusticias que tuvieron impacto en Alice Walker cuando crecía durante la década de 1960.

1. ¿En qué forma impresionaron esos acontecimientos a Alice Walker?

____

____

____

____

2. ¿Cómo lograron las acciones del doctor King cambiar su forma de ver las cosas?

____

____

____

____

____

Montar a caballo es un ejercicio de la mente

N. Scott Momaday

Conexiones

Rodeado por el paisaje

¿Cómo es el paisaje del lugar donde vives? ¿Tiene colinas, montañas? o, ¿el terreno es llano? ¿Ves edificios y carreteras? o, ¿un espacio abierto? ¿Qué árboles o flores hay? Para N. Scott Momaday, recordar la «última, la mejor casa» de su infancia es una ocasión para reflexionar sobre el poderoso papel que el paisaje tuvo en sus ensueños.

Notas

Describe un paisaje que conozcas bien. Puede ser el paisaje de tu casa actual, el de un lugar donde viviste alguna vez, o simplemente un sitio que visitaste. Anota algunos detalles al recordarlo. ¿Qué puedes ver, oír, oler, al imaginarlo?

Elementos de literatura

Imágenes sensoriales

Las **imágenes sensoriales** agregan color y vida a una descripción, ayudándole e al lector a ver, oír, oler, saborear y tocar lo que el relator describe. La descripción de Momaday nos muestra las caravanas de los jinetes Navajos; nos permite escuchar sus canciones, oler el humo de maderos de pinos y cedros y ver «gansos en formación» sobrevolando el poblado.

> Los **detalles sensoriales** son imágenes que estimulan los sentidos: vista, gusto, olfato, oído y tacto.
>
> *Para más detalles sobre* Description *(Descripción), ver el Manual de términos literarios.*

Destrezas y estrategias de la lectura

Orden cronológico: organizando los recuerdos

Momaday recuerda escenas y lugares de hace mucho tiempo. Busca las palabras que te permitan seguir los acontecimientos.

- Él comienza situando su memoria en el tiempo: «En una mañana de otoño de 1946». Busca más palabras o frases que expresen el tiempo.
- ¿En algún momento recurre a un pasado más distante? o, ¿usa un **orden cronológico,** narrando los hechos en el exacto orden en el que sucedieron ?

Antecedentes

N. (Novarro) Scott Momaday se crió en reservaciones de los indios Kiowas y Navajos, en el sudoeste de Estados Unidos. En 1946 sus padres empezaron a dictar clases en una pequeña escuela para los Navajos en Jemez, un poblado en el área de desfiladeros en los montes Jemez, a 50 millas de Albuquerque.

En este ensayo de tono personal, Momaday recuerda cómo se crió en el Poblado Jemez en Nuevo México. Describe su vínculo con su caballo, Pecos, y cuenta aventuras imaginarias que compartían mientras exploraban los desfiladeros. Utilizando detalles sensoriales, el escritor da vida al extenso paisaje y a los pueblos indígenas de la región. Éstos fueron el perfecto catalizador para cuando Momaday pasó de niño a adulto.

REVISIÓN, P. 404

a. ¿De qué hechos te enteras sobre el Poblado Jemez en los tres primeros párrafos?

b. ¿Quién era Pecos? ¿Por qué era importante?

c. ¿Por qué los antepasados de Momaday estarían orgullosos de él?

d. ¿Qué párrafos describen hechos imaginarios?

Montar a caballo es un ejercicio de la mente

N. Scott Momaday **Edición del alumno, página 400**

Rodeado por el paisaje

Momaday llega a conocer bien su nuevo hogar, y para que nosotros también lo conozcamos nos lo detalla con imágenes sensoriales. Mientras lees su ensayo invéntate un poema que comience con «Yo sé» y enumera algunos detalles sensoriales de Momaday en el cuaderno dibujado.

Yo sé que «Montar a caballo es un ejercicio de la mente»

Puedo oír

Puedo ver

Puedo oler

Yo sé que «Montar a caballo es un ejercicio de la mente»

1. ¿Cómo has decidido cuáles detalles usar en tu poema «Yo sé»?

____

____

____

2. Tu poema «Yo sé», ¿te aclaró las descripciones de Momaday? ¿Por qué? o, ¿por qué no?

____

____

«¡Por cierto que ayudé a que las cosas cambiaran!»

James Herriot

Conexiones

¿A quién le importa?

A lo largo de la historia y en casi todas las culturas, el animal doméstico ha hecho que la gente se sienta feliz. Probablemente, hace más de cincuenta mil años el hombre de las cavernas tenía animales domesticados en sus hogares («cuevas»). Los antiguos egipcios domesticaban monos y adoraban a los gatos. Los aztecas en México, antes de que llegaran los primeros europeos, tenían loros en sus casas.

Notas

¿Por qué la gente hace ciertos animales parte de su hogar? ¿Es porque parecen darnos cariño, o porque representan algo a lo que necesitamos darle nuestro cariño? Anota tus ideas sobre estas preguntas.

Elementos de literatura

Narrativa de hechos reales

Generalmente, consideramos que la narrativa es ficción, pero los escritores de narrativa de hechos reales a menudo escriben historias verdaderas para dejar en claro una idea. La **narrativa de hechos reales** es utilizada en versiones de prensa, biografías e historia. La narrativa que vas a leer cuenta una interesante historia, que es tan entretenida como una de ficción. El narrador es un veterinario que escribe bajo el seudónimo James Herriot. Darrowby es una ciudad de Yorkshire, en el nordeste de Inglaterra.

> **U**na **narrativa de hechos reales** cuenta sucesos que realmente ocurrieron.
>
> *Para más detalles sobre* Narration *(Narración), ver el Manual de términos literarios.*

Destrezas y estrategias de la lectura

Causa y efecto: ¿Por qué sucede?

Generalmente, los acontecimientos suceden por algo que sucedió con anterioridad. La **causa** explica por qué algo sucede, y el **efecto** es la consecuencia de algo. A continuación, verás cómo puedes descubrir la relación entre causa y efecto.

- Busca palabras que indiquen una relación entre causa y efecto: *porque, así que, como resultado de, por lo tanto.*
- Toma nota de cambios en los protagonistas o en las situaciones. Pregunta: *¿Por qué* cambian? (¿Qué hecho fue la causa?)

La narrativa de James Herriot sobre hechos reales cuenta la historia de la señora Donovan, una anciana viuda de notable vitalidad, que por cuenta propia se hizo experta en el cuidado de animales. Luego que su querido perrito terrier muere en un accidente, Herriot sugiere que adopte un cachorro de perdiguero que había encontrado, y que había sido víctima de malos tratos. La señora Donovan cuida al perro hasta que sana, y los dos crean alegremente su propia versión de un hogar.

REVISIÓN, P. 417

Haz un cuadro de **causa y efecto** en el que puedas señalar los sucesos importantes de este relato. Empieza como sigue:

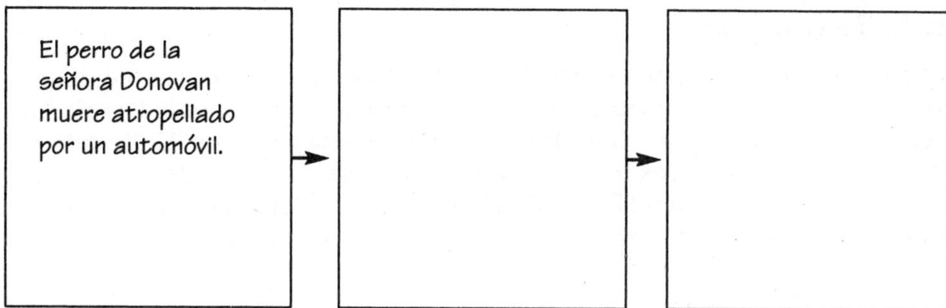

ORGANIZADOR GRÁFICO PARA LA LECTURA ACTIVA, P. 27

«¡Por cierto que ayudé a que las cosas cambiaran!»

James Herriot   **Edición del alumno, página 406**

¿A quién le importa?

Nadie sabe qué pasó primero: un perro salvaje acercándose tímidamente al fuego de un campamento en busca de calor y protección, o un ser humano tratando de hacerse amigo de un perro como compañía. En cualquier caso, la relación beneficia a los dos. Utilizando el diagrama de abajo explora la relación entre seres humanos y animales. En el círculo de la izquierda describe la contribución del ser humano a tal relación. En el círculo de la derecha describe la del animal. En la parte donde los círculos se superponen describe los beneficios mutuos.

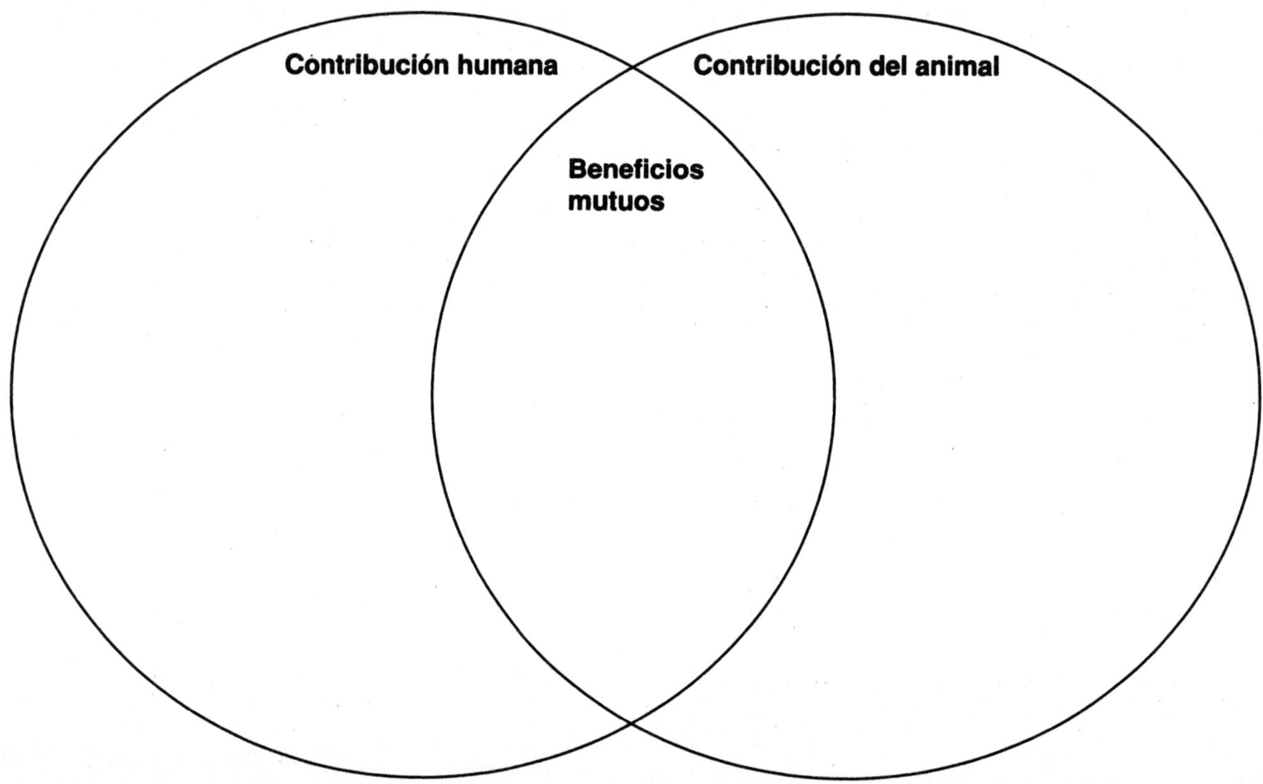

Después de la lectura

1. ¿Quién crees que se beneficia más de la relación, la señora Donovan o Roy?

____

____

____

2. ¿Estarías dispuesto(a) a adoptar un perro en las condiciones de Roy? ¿Por qué? o, ¿por qué no?

____

____

____

Las rendijas de un escondite

Harriet A. Jacobs

Conexiones

Atrapada

Imagina un espacio tan pequeño que no te puedas poner de pie, casi sin aire y sin luz. No puedes ver las ratas, ratones e insectos que corren sobre tu cuerpo, pero puedes sentirlos. Imagina que la decisión de estar en este sitio ha sido tuya. ¿Qué puede traerte a semejante lugar, y qué hace que te quedes?

Destrezas y estrategias de la lectura

Recurre a tus propias referencias

Divide una hoja de tu cuaderno en tres columnas, para hacer un cuadro SQA sobre la esclavitud en Estados Unidos. SQA significa «lo que ya *Sé* (sobre la esclavitud)», «lo que *Quiero* saber» y «lo que he *Aprendido* en esta lectura». Completa ahora las columnas S y Q; deja la columna A para después de que hayas leído «Las rendijas de un escondite».

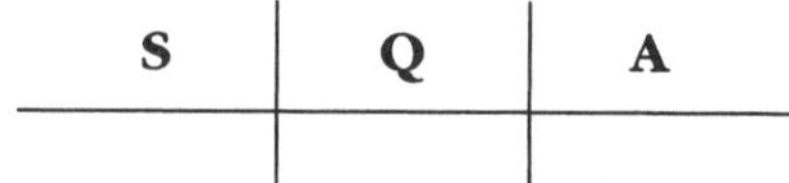

Elementos de literatura

Escenario: ¿Dónde y cuándo?

El escenario puede ser decisivo en la narrativa de hechos reales. Algunas veces es el *causante* de los hechos. En la narrativa que vas a leer, el escenario del «hogar» de la narradora es clave, y deberás intentar imaginártelo exactamente como es. El escenario global también es importante. Tienes que saber en qué momento de la historia tuvieron lugar estos hechos.

El escenario es cuándo y dónde ocurren determinados hechos.

Para más detalles sobre Setting *(Escenario), ver páginas 164–165 y el Manual de términos literarios.*

Antecedentes

En agosto de 1835, en Edenton, Carolina del Norte, una joven de veintidós años que estaba condenada a la esclavitud se escondió en un pantano, arrastrándose después hasta un estrecho espacio debajo del techo del almacén de su abuela. Se escondió para escapar de los abusos de su dueño, a quien ella llama doctor Flint en su relato.

El título de este capítulo de la autobiografía de Jacobs se basa en los siguientes versos del poeta inglés William Cowper:

> Qué bonito es mirar
>   por las rendijas de un escondite,
> Dar una ojeada a ese mundo; ver
>   la conmoción
> De la gran Babel, y no sentir
>   la multitud.

RESUMEN

En esta narrativa autobiográfica, Harriet Jacobs describe el ático donde permaneció escondida durante siete años después de escapar de la esclavitud. El doctor Flint, de quien huyó, hizo lo imposible por encontrarla, pero nunca supo que estaba al alcance de su mano. Jacobs sufrió el calor del verano, el frío del invierno y los bichos. Ver por un agujero a sus hijos (que no sabían dónde estaba), y la comida que le alcanzaban sus familiares, la mantuvieron con vida. Debido a los abusos del doctor Flint, prefirió soportar los tremendos padecimientos de esta limitada libertad antes que sufrir la esclavitud.

REVISIÓN, P. 431

a. Haz un dibujo del escondite de Jacobs. Incluye sus medidas. ¿Dónde está ubicado?
b. ¿Por qué se esconde ahí?
c. ¿Por qué encontrar la barrena fue una suerte?
d. ¿Quién es el doctor Flint? ¿Qué noticias suyas trae la tía Nancy?
e. ¿Adónde cree la gente que Jacobs se ha ido?

Las rendijas de un escondite

Harriet A. Jacobs   **Edición del alumno, página 426**

Atrapada

Aunque la narradora de «Las rendijas de un escondite» está físicamente atrapada en un estrecho ático, se vale de su imaginación y de sus recuerdos para escapar temporalmente de la situación. Asume tú el papel de Harriet, y en el gráfico de abajo usa palabras o símbolos para describir cómo te sentirías físicamente si estuvieras en semejante encierro. Después, fuera del gráfico, describe lo que pensarías, imaginarías o recordarías para escapar mentalmente de ese lugar.

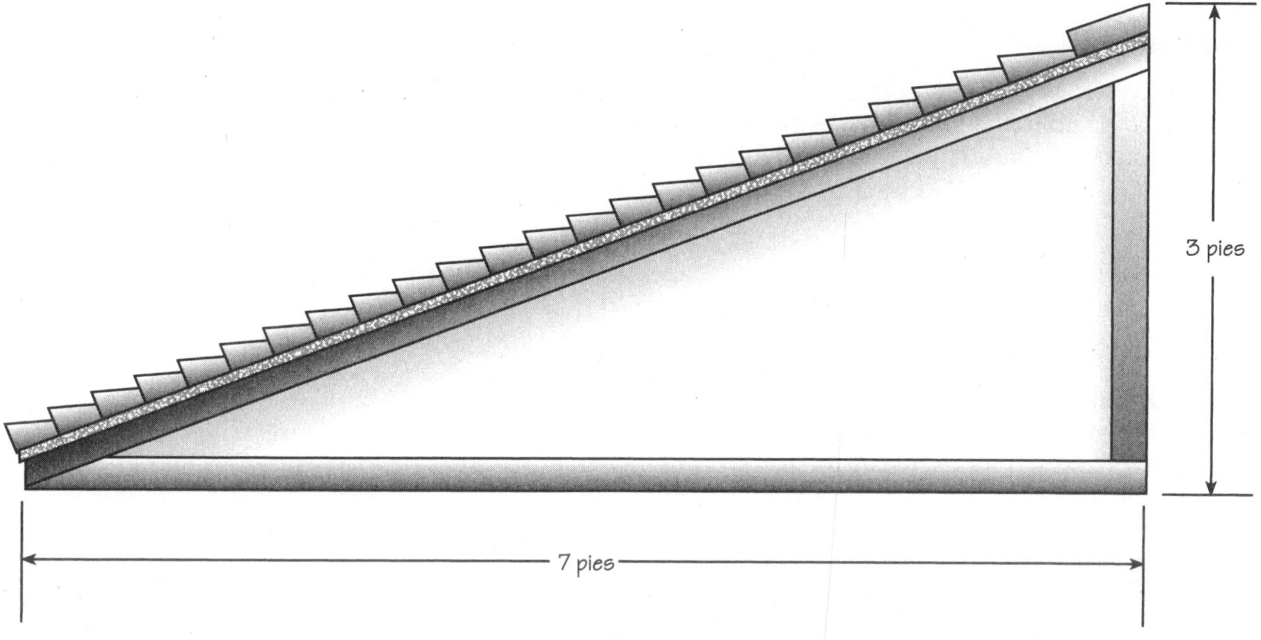

1. En un breve párrafo explica la razón de tu respuesta.

____

____

____

____

2. Compara el gráfico con el de tus compañeros. ¿Cómo pudieron aguantar las restricciones físicas del encierro en ese espacio?

____

____

____

____

____

de Opiniones de un indio sobre asuntos indios

El jefe Joseph

Conexiones

Exiliados

Cuando en 1877 tres indios de la tribu Nez Percé mataron a cuatro colonos blancos, el jefe Joseph, su líder, escapó al valle Wallowa en Oregón con alrededor de doscientos cincuenta guerreros y sus familias. Durante más de tres meses y por más de mil millas despistaron a las tropas federales rindiéndose finalmente al faltarles treinta millas para llegar a la frontera con Canadá.

Exiliado a una reservación en Oklahoma, el jefe Joseph pasó el resto de su vida intentando convencer al gobierno de que dejara que su pueblo volviera a sus tierras.

Notas

Haz un cuadro SQA como el que ves abajo. En la columna S, escribe lo que ya *Sabes* sobre «asuntos indios». En la columna Q escribe lo que *Quieres* saber, las preguntas que querrías hacer. Tras haber leído el discurso del jefe Joseph, completa la columna A con lo que hayas *Aprendido*.

S	Q	A

Elementos de literatura

Una llamada a la razón y al corazón

Cuando tratamos de convencer a alguien, apelamos a la razón y al corazón, utilizando **argumentos lógicos** (razones, hechos, estadísticas y ejemplos) y **argumentos emocionales** (palabras, frases y anécdotas que llegan con fuerza a los sentimientos de su público, sus miedos, sus esperanzas y hasta sus prejuicios).

> **L**os escritores más convincentes utilizan **argumentos lógicos y emocionales** para convencer al lector o al oyente de que actúen de cierto modo determinado.
>
> *Para más detalles sobre* Logical Arguments and Emotional Appeals *(Argumentos lógicos y emocionales), ver página 453.*

Destrezas y estrategias de la lectura

Lectura de persuasión: Observa las técnicas

Cuando lees o escuchas un discurso convincente, tienes que darte cuenta de cómo el escritor u orador utiliza el lenguaje para convencerte de que te comportes o pienses de una determinada manera. Cuando leas este discurso, uno de los más grandes ejemplos de la oratoria norteamericana, presta atención a tu forma de reaccionar. Pregúntate:

* ¿Qué es lo que el orador pretende hacerme creer?
* ¿Hay una clara declaración sobre su postura?
* ¿Qué razones da para apoyar su postura?
* ¿Cómo me hace sentir?

RESUMEN

El jefe Joseph dice en su discurso que está harto de palabras vanas, promesas rotas y derramamientos de sangre. Después de sufrir la persecución del hombre blanco y de su gobierno durante años, defiende la igualdad de derechos de los nativos norteamericanos. Está de acuerdo con someterse a las leyes de los blancos, siempre y cuando se garantice la libertad de los Nez Percé. Termina su discurso expresando sus ansias por el momento en que todos los pueblos vivan unidos y cesen las guerras.

REVISIÓN, P. 450

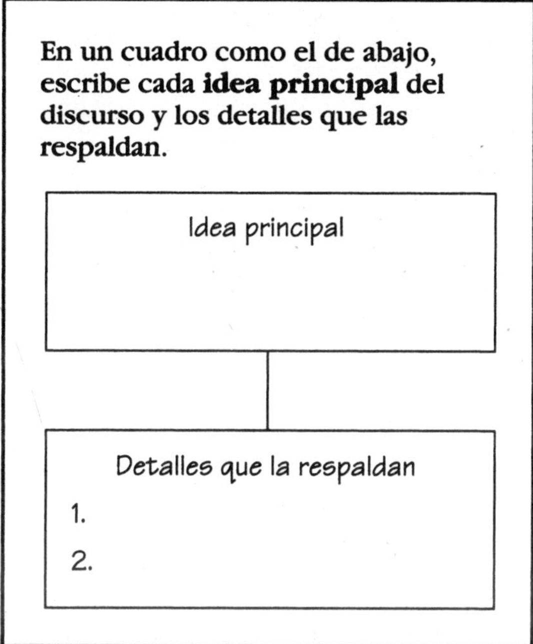

ORGANIZADOR GRÁFICO PARA LA LECTURA ACTIVA, P. 30

de Opiniones de un indio sobre asuntos indios

El jefe Joseph   **Edición del alumno, página 446**

Promesas rotas

El jefe Joseph formuló en su discurso una serie de peticiones al gobierno de Estados Unidos. En el corazón que ves abajo, usa dibujos, símbolos o palabras para esbozar dos de esas peticiones que hace para su pueblo.

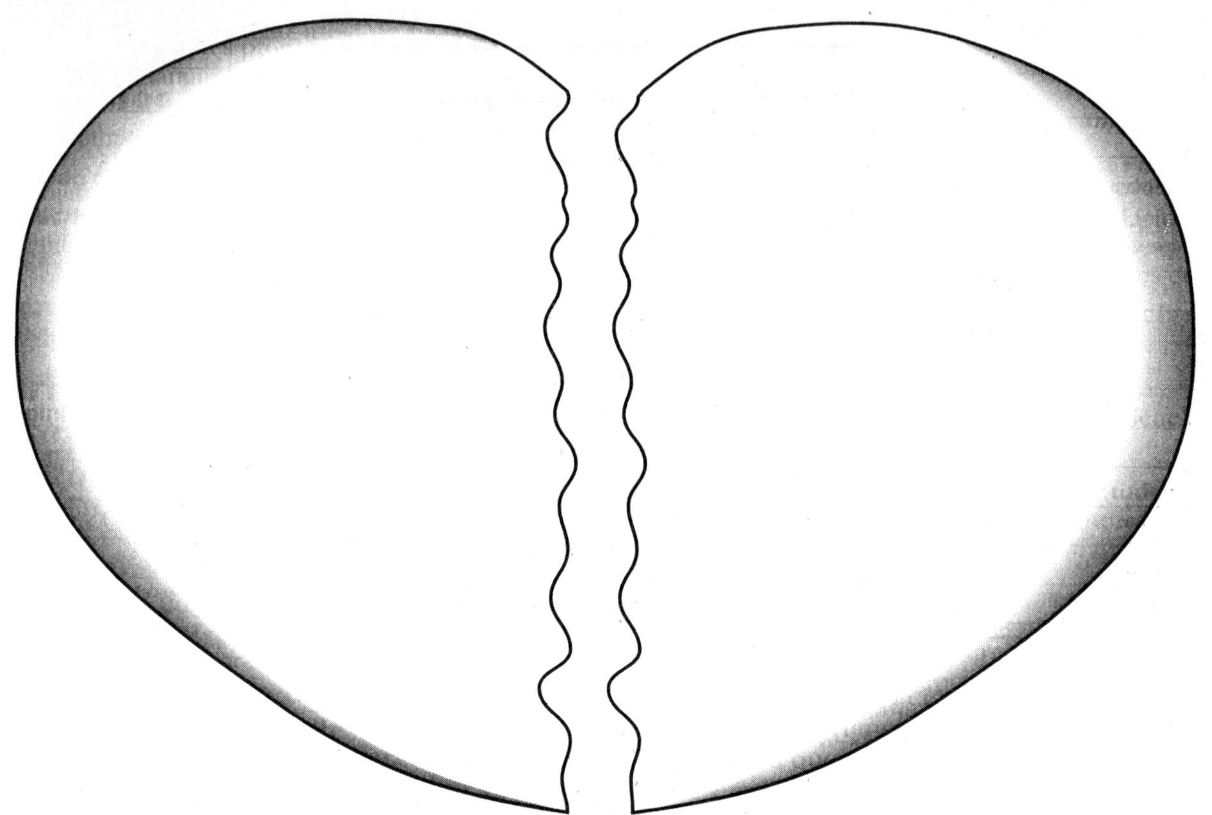

1. ¿Cómo has decidido cuáles de las peticiones del jefe Joseph incluirías en el dibujo?

____

____

____

____

2. ¿Cómo crees que habrían cambiado las vidas de los indios norteamericanos si el gobierno de Estados Unidos les hubiera concedido estas peticiones?

____

____

____

____

Oscuridad al mediodía

Harold Krents

Conexiones

Viendo lo que quiere decirnos
En este ensayo el narrador nos cuenta algunas historias de tono humorístico, sobre cómo la gente ha reaccionado ante su ceguera. Aunque dice tener un «ánimo de santo», alguna de estas reacciones le incomodaron. A lo largo de la lectura descubrirás cómo Krents quiere que lo traten.

Notas

¿Cuál crees que es la forma apropiada de tratar a una persona ciega, sorda o que usa una silla de ruedas? Haz rápidos apuntes de tus ideas.

Elementos de literatura

Relatos con un punto de vista
Las anécdotas son historias muy breves que tienen algunos de los elementos de un cuento corto: personajes, trama y diálogo. En un ensayo convincente, las anécdotas generalmente ayudan al escritor a demostrar un punto de vista. Busca anécdotas en «Oscuridad al mediodía».

> **U**na **anécdota** es un relato breve utilizado para presentar un punto de vista o brindar un ejemplo.

Destrezas y estrategias de la lectura

Buscar la idea principal
Cuando leas un ensayo busca la **idea principal** expresada en el texto, y entonces te darás cuenta cómo el escritor la sustenta o la desarrolla. A medida que vayas leyendo, busca las declaraciones clave que parecen apuntar hacia la idea principal. Observa también las anécdotas de Krents. ¿Qué quiere demostrar en estos relatos?

RESUMEN

Harold Krents, que es ciego de nacimiento, nos describe en este ensayo, con sentido del humor, sus diversos encuentros con personas que creen que, por ser ciego, tampoco oye ni habla. Pero la peor idea equivocada que tiene alguna gente es que no puede trabajar. Krents es convincente al demostrarle al lector que las personas discapacitadas son capaces de trabajar. A pesar de que está agradecido por las políticas de igualdad de oportunidades de empleo para las personas con impedimentos, está deseando que llegue el día en que sean consideradas tan capaces como el resto de la gente.

a. Resume una **anécdota** que muestre cómo Krents no quiere ser tratado.
b. ¿Cuál **anécdota** describe cómo quiere que se le trate?
c. Describe su experiencia buscando trabajo después que completó sus estudios de Derecho.
d. ¿Qué normas emitió el Ministerio de Trabajo sobre empleos para personas discapacitadas?

Oscuridad al mediodía

Harold Krents   **Edición del alumno, página 454**

Viendo lo que quiere decirnos

En «Oscuridad al mediodía» Harold Krents usa anécdotas, o mini-historias, para presentar de modo convincente los cambios que le gustaría ver en la forma en que se trata a las personas con impedimentos físicos. En el dibujo del libro, escribe un título y diseña la cubierta para una de las anécdotas que él usa.

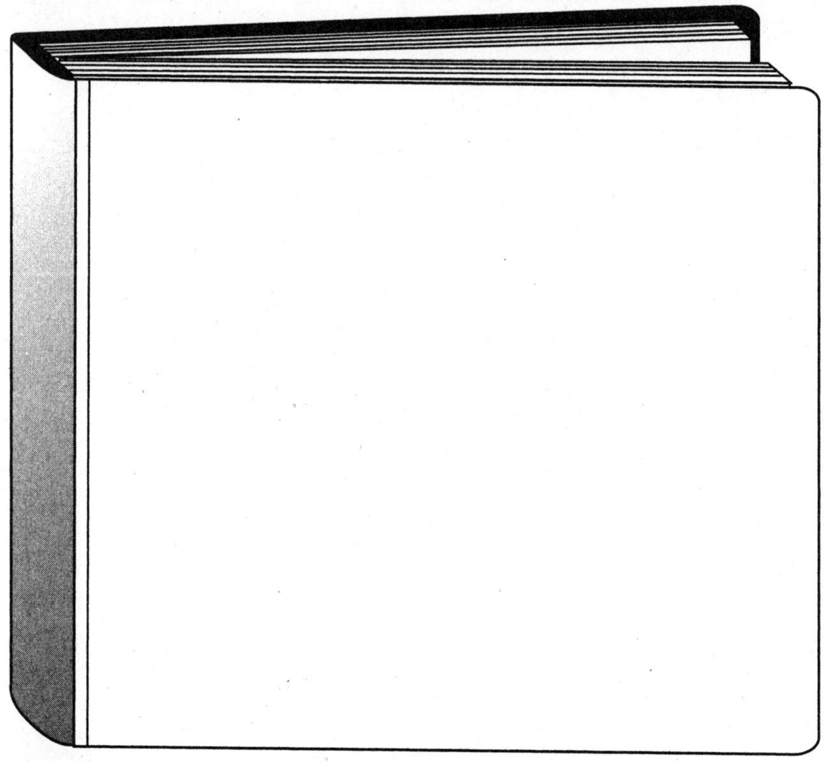

1. Explica por qué tu título es apropiado para la anécdota de Krents.

____

____

____

____

2. ¿Cómo piensas que tú reaccionarías si te encontraras en una situación similar a la de la anécdota?

____

____

____

____

Sin hogar

Anna Quindlen

Conexiones

Lo peor de todo
En este ensayo Anna Quindlen adopta un nuevo enfoque sobre un problema al que denomina «lo que parece ser lo peor del mundo». En vez de hablar sobre el problema, recopilar estadísticas, quejarnos y esperar que desaparezca por sí solo, ¿qué es lo que Quindlen quiere que hagamos?

Notas

A medida que leas, anota algunas expresiones con las que estés de acuerdo o en desacuerdo (probablemente hallarás varias de cada tipo), así como algunas que te resulten desconcertantes.

Expresiones	Mis comentarios
«Una persona es el lugar donde vive.»	Eso no me parece correcto. Las personas pueden ser mejores que los terribles lugares en que viven.

Elementos de literatura

Algo más que simplemente los hechos
Un **hecho** es algo que puede ser probado como cierto, así que, ¿qué más necesitas para convencer a alguien? Anna Quindlen no sólo se atiene a los hechos en este ensayo. La escritora expresa sus opiniones (creencias y juicios), relata cuentos y comparte sus sentimientos.

> **U**n **hecho** es algo que puede ser probado como cierto. Una **opinión** es una creencia personal que no puede ser probada, sólo respaldada.

Destrezas y estrategias de la lectura

Analizar las técnicas de persuasión: ¿Cómo lo logra ella?
Los hechos y las estadísticas, aun cuando resulten alarmantes, nos dejan indiferentes. Pero quienes tienen la capacidad de persuadir con habilidad pueden manipular nuestros sentimientos utilizando técnicas como éstas:
- hablando sobre personas reales en vez de sobre temas abstractos
- vinculando temas con nuestras propias vidas
- escribiendo **subjetivamente,** es decir, revelando sus propios pensamientos y sentimientos
- observando los temas en un amplio contexto histórico
- definiendo conceptos abstractos

Mientras lees el ensayo de Quindlen, trata de ubicar éstas y otras técnicas persuasivas. ¿Cómo afectan tu lectura del ensayo?

> *El hogar está donde está el corazón.*

En su ensayo Anna Quindlen usa una experiencia personal para ilustrar sus ideas sobre lo que significa no tener hogar. Describe su encuentro con Ann, una mujer que vive en el edificio de la terminal de autobuses de la Autoridad Portuaria, en la ciudad de Nueva York, y que muestra fotos de una casa como para probar que en realidad pertenece a algún lugar. Quindlen indica luego que su propia casa es un lugar de estabilidad, certidumbre e intimidad. Considera que el referirse a las personas que no tienen dónde vivir como un grupo colectivo, los sin hogar, hace que la cuestión resulte más distante y abstracta, y por lo tanto menos personal.

REVISIÓN, P. 465

Utilizando un cuadro como el que sigue, resume la **idea principal** y los **detalles** de apoyo del editorial de Quindlen. Usa tus propias palabras y tantos recuadros como necesites.

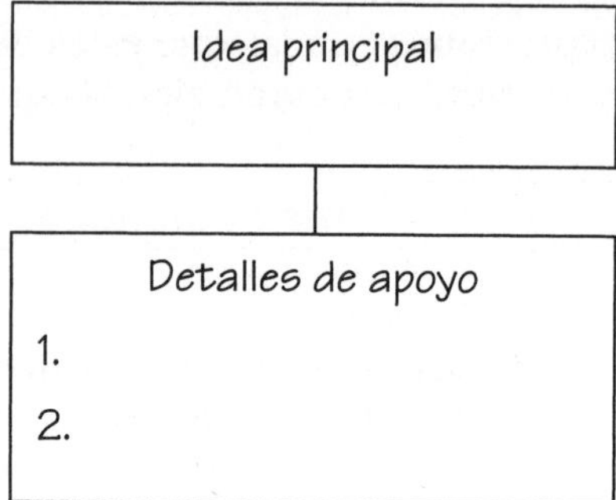

ORGANIZADOR GRÁFICO PARA LA LECTURA ACTIVA, P. 34

Diariamente

Naomi Shihab Nye   **Edición del alumno, página 494**

Los días son sustantivos

En «Diariamente», Naomi Shihab Nye encuentra belleza y significado en cosas tan corrientes como tortillas y camisetas, comparándolas con «banderas que compartimos». En el dibujo de abajo, diseña una bandera con tres o más cosas corrientes que aportan belleza y contenido a tu vida cotidiana.

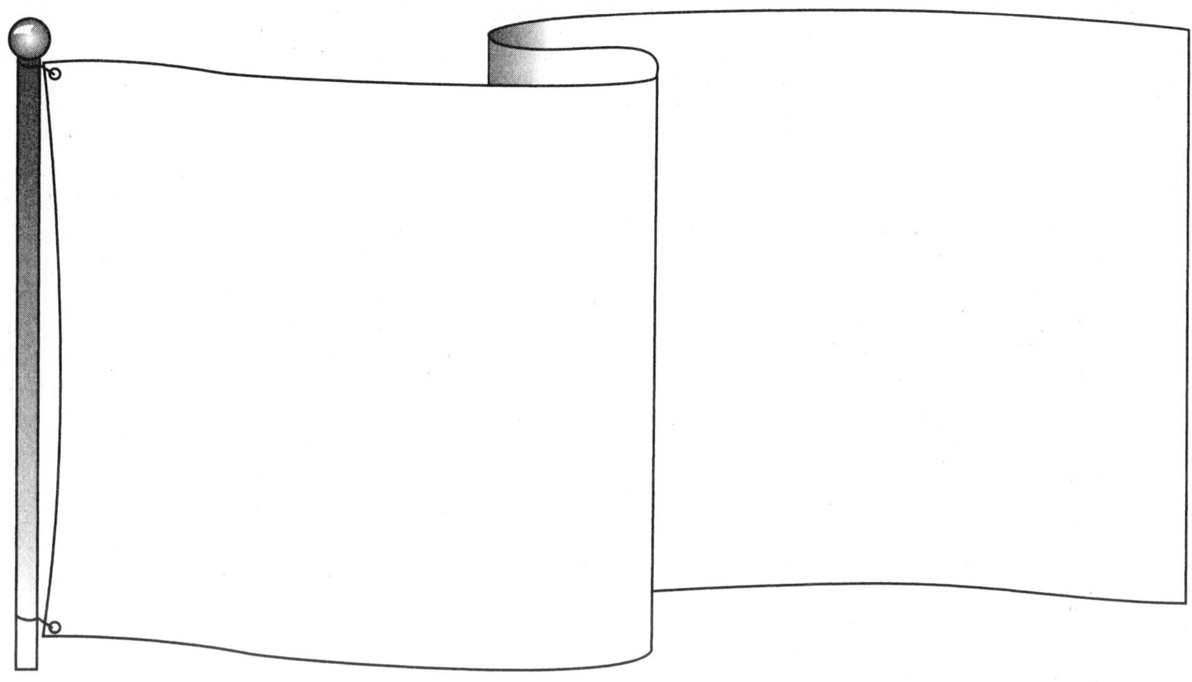

1. Explica por qué seleccionaste cada cosa de tu bandera.

____

____

____

____

2. ¿A cuál o cuáles de tus sentidos atrae cada uno de los elementos de tu bandera?

____

____

____

____

____

____

Cuando escuché al sabio astrónomo

Walt Whitman

Conexiones

La realidad

Si alguna vez has querido estar al aire libre gozando de un día de primavera, en lugar de luchar con la gramática y ecuaciones en la escuela, sabrás cómo se siente el narrador de este poema. Sentado en un salón de conferencias, escucha áridos datos sobre astronomía, mientras la realidad está afuera, una preciosa noche estrellada.

Para situar el poema en su época, recuerda que la astronomía era de gran interés para muchos norteamericanos del siglo XIX quienes asistían a conferencias y debates científicos con la misma vehemencia que sus bisnietos observarían series de televisión.

Notas

Encuentra por lo menos una imagen de la naturaleza que te parezca maravillosa. Ésta puede ser tan grande como un cielo estrellado o tan pequeña como una hormiga.

Guarda estas notas. Para preguntas y actividades sobre este poema, ver página 498.

Elementos de literatura

Estableciendo la escena

Las imágenes se usan para establecer la escena de un poema. Una escena puede ser un lugar físico externo, como una colina, una ciudad, una laguna. También puede ser interna, llevándote al interior de la mente del orador. En este poema, ¿cuántas escenas ves y compartes?

> Todos los poemas tienen una **escena** o ubicación. Pueden ser interiores, exteriores o ambas.

RESUMEN

Este poema de verso libre empieza dentro de los confines de una sala de conferencias, mal ventilada, donde un astrónomo da una charla. La repetición en los cuatro primeros versos del poema demuestra lo aburrido que está el narrador, quien se encuentra entre los asistentes. Al sentirse «harto y cansado», se imagina que está afuera, contemplando la gran belleza de la noche.

Cuando escuché al sabio astrónomo

Walt Whitman   **Edición del alumno, página 496**

La realidad

Algunas veces aprendemos a través de una experiencia directa. Otras, cuando recibimos instrucciones, aprendemos indirectamente. Y algunas veces necesitamos de las dos para aprender. Utiliza el esquema de los planetas para pensar cómo has aprendido lo que sabes. En el de la izquierda haz una lista de temas y actividades (deportes, arte, música) que hayas aprendido por experiencia. En la derecha, lo que has aprendido por medio de instrucciones. En el espacio superpuesto, incluye lo que has aprendido por medio de experiencias *e* instrucciones.

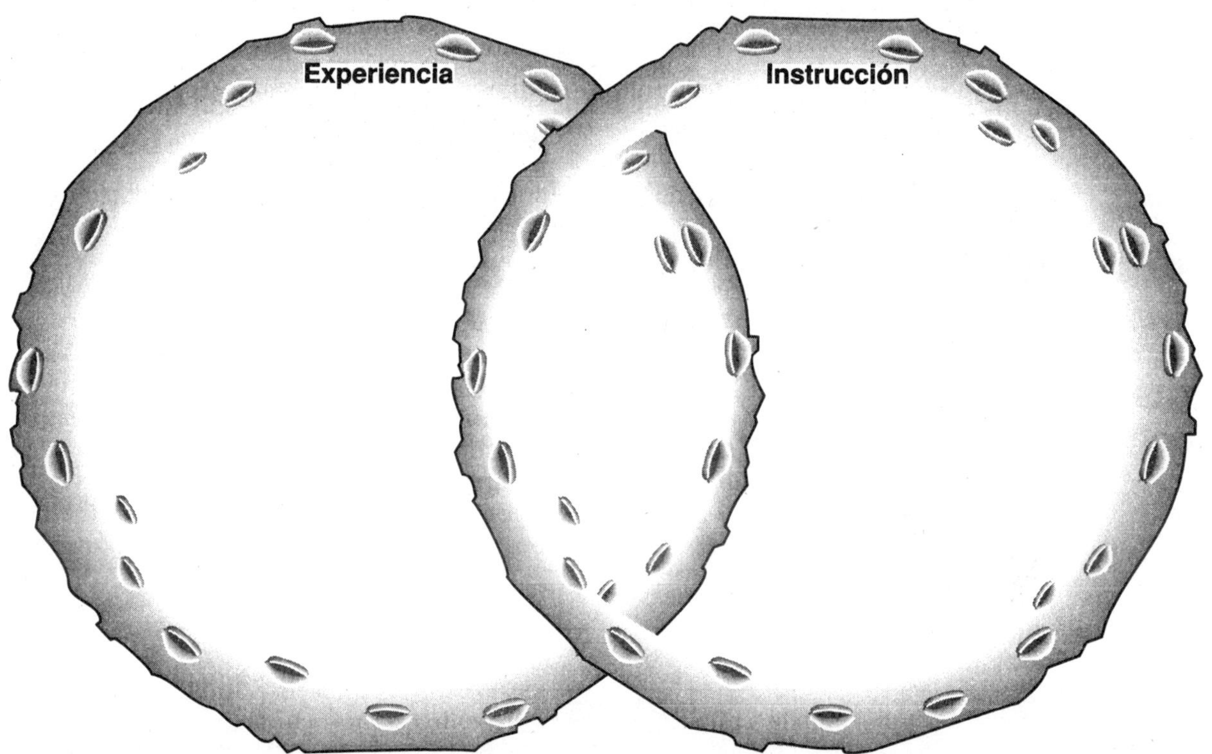

1. ¿Incluiste más actividades en el planeta de Experiencia, en el de Instrucción, o en el sector superpuesto? ¿Por qué crees que sea así?

____

____

2. Piensa en un tema o actividad sobre los que quisieras aprender más. ¿Crees que lo podrías hacer mejor por medio de la experiencia, la instrucción o por una combinación de las dos? ¿Por qué?

____

____

Haiku

Chora, Chiyo, Bashō, Issa

Conexiones

Álbum de fotos

El haiku, la composicion poética más famosa de la poesía japonesa, capta momentos de la vida con la misma velocidad y precisión que una instantánea fotográfica. Pero los haikus son mejores. Las cámaras fotográficas no mienten sobre el aspecto externo de las personas, pero no pueden indicar nada de lo que pasa en su interior. Los haikus son diferentes. Para desvelar un haiku, lee una palabra o frase por vez haciendo pausas lo suficientemente largas como para que te permitan ver, oír, oler, degustar o tocar ese elemento primario del momento original. Al final te encontrarás en algún momento especial en la vida de otra persona, ya fuera esa experiencia captada hace tres minutos o hace tres siglos.

Notas

Escoge un día especial del año. Escribe por lo menos dos cosas que podrías oír, ver, degustar, oler o tocar ese día. Trata de buscar imágenes que revelen lo que estarías sintiendo en ese momento, ese día.

Guarda estas notas. Para preguntas y actividades sobre estos poemas, ver páginas 507-508.

Elementos de literatura

Haiku

Los haikus operan mediante sugestión. Una escena del haiku, ese momento especial en la vida de alguien, debe servir como punto de partida para tus propios pensamientos y asociaciones. Los haikus se escriben como si fueran telegramas, como si cada palabra costara dinero. El idioma japonés no tiene artículos (un, una, unos, unas, el, la, los, las), prácticamente no usa pronombres y en general no indica si un sustantivo es singular o plural.

Un haiku japonés
1. tiene diecisisete sílabas, cinco en los versos 1 y 3 y siete en el 2
2. presenta imágenes de la vida diaria
3. generalmente contiene una palabra o símbolo *(kigo)* de una estación del año
4. presenta un momento de descubrimiento o de hallazgo *(satori)*

El idioma original

He aquí en el japonés original, con la traducción al español a partir de la versión en inglés, el haiku de Bashō\ de la página siguiente. Puedes intentar hacer tu propia versión (*Ya* es una palabra en japonés utilizada frecuentemente en el haiku que significa algo así como «¡Fíjense!». Algunos traductores la señalan con el signo de dos puntos, porque sugiere un tipo de ecuación).

Furu	*ike*	*ya*
viejo	estanque	:
Kawazu	*tobikomu*	
rana	zambullirse	
Mizu	*no*	*oto*
agua	sonido	

RESUMEN

Estos cuatro haikus presentan imágenes de la naturaleza y son mensajes ambiguos típicos del
género. El poema de Chora expresa la reacción del orador al sapo que interrumpe su trabajo. Chiyo
utiliza la imagen de una planta enredadera para sugerir posibles vínculos que puedan crecer entre
vecinos. En el poema de Basho\, una rana saltando a un estanque transforma el silencio en sonido.
Issa observa la enormidad del mundo reflejado en los ojos de una libélula.

ORGANIZADOR GRÁFICO PARA LA LECTURA ACTIVA, P. 36

Haiku

Chora, Chiyo, Bashō, Issa   **Edición del alumno, página 499**

Álbum de fotografías

«Sonríe». ¿Cuántas veces has oído esta palabra y te ha deslumbrado el flash de una cámara? Captar momentos especiales en una película es una forma de poder disfrutarlos muchas veces. Otras formas de preservar momentos especiales de tu vida pueden ser escribir una poesía o mantener un diario. Utiliza el gráfico de abajo para esbozar tu impresión de una imagen impactante de uno de los haikus seleccionados.

1. Escribe una breve anotación en el diario, que registre tus pensamientos y la asociación de ideas que te sugiera la imagen del haiku.

   ____

   ____

   ____

2. Piensa qué momento especial de tu vida te gustaría captar. Quizá tienes cálidos recuerdos de unas vacaciones familiares, un cumpleaños, un día de fiesta, o de una persona o un animal. Describe este recuerdo especial mediante una anotación en tu diario, en los renglones que ves abajo.

   ____

   ____

   ____

   ____

Niebla

Carl Sandburg

Conexiones

Imágenes que atesoramos

Un día, el informe meteorológico de la cadena CBS de TV empezó con estas palabras «Hay patitas de gato ahí afuera, en grandes áreas del país». Las personas que lo escucharon supieron exactamente lo que quería decir. Niebla. Niebla baja. Lo sabían porque conocían este poema.

Notas

Elige un fenómeno meteorológico, como por ejemplo un huracán, un tornado, una ventisca, una tormenta eléctrica o una sequía. Escribe el nombre de un animal que pueda servir como imagen de ese tipo de tiempo. Describe la apariencia de ese animal, su olor, los sonidos que hace y cómo se comporta, especialmente cuando esté hambriento, disgustado o en movimiento.

Guarda estas notas. Para preguntas y actividades sobre este poema, ver páginas 507–508.

Elementos de literatura

Imágenes extendidas

Carl Sandburg nunca empieza diciendo «La niebla es un gato». Pero después del primer verso del poema, los siguientes describen algún aspecto de la anatomía o del comportamiento de un gato. Por supuesto, Sandburg ha dicho todo lo que quería en estos seis breves versos, pero, ¿puedes pensar por lo menos en otra cosa que el gato hace, que represente la imagen continua de la niebla?

> **U**na **imagen extendida** es la que se desarrolla a través de varios versos, o aun de todo el poema.
>
> *Para más detalles sobre* Imagery *(Imágenes), ver páginas 492–493 y el Manual de términos literarios.*

Este poema en verso libre recrea la apariencia y el movimiento de la niebla sobre un puerto y sobre la ciudad. En una imagen extendida, el poeta compara la niebla con un gato, presenta la imagen de la niebla llegando «en patitas de gato» y sentándose silenciosamente sobre sus «patas» antes de «seguir su camino». A pesar de este inquieto movimiento, el tono del poema es sereno y tranquilo.

ORGANIZADOR GRÁFICO PARA LA LECTURA ACTIVA, P. 37

Niebla

Carl Sandburg   **Edición del alumno, página 502**

Imágenes que atesoramos

Los meteorólogos que pronostican el tiempo usan ahora gráficos generados por computadora para ayudar a los televidentes a entender las condiciones del tiempo en todo el país, pero todavía recurren a vívidas descripciones como «un calor que levanta ampollas», «ráfagas del Ártico» y «aguacero torrencial». En «Niebla», Carl Sandburg utiliza la imagen de un animal para describir una condición del tiempo. En la imagen de la nube, incluye un informe detallado del tiempo, usando palabras o frases vívidas para describir las condiciones del día de hoy. Luego decide qué tipo de animal podría usarse para representar esas condiciones, y escribe el nombre del animal en la línea debajo de la nube.

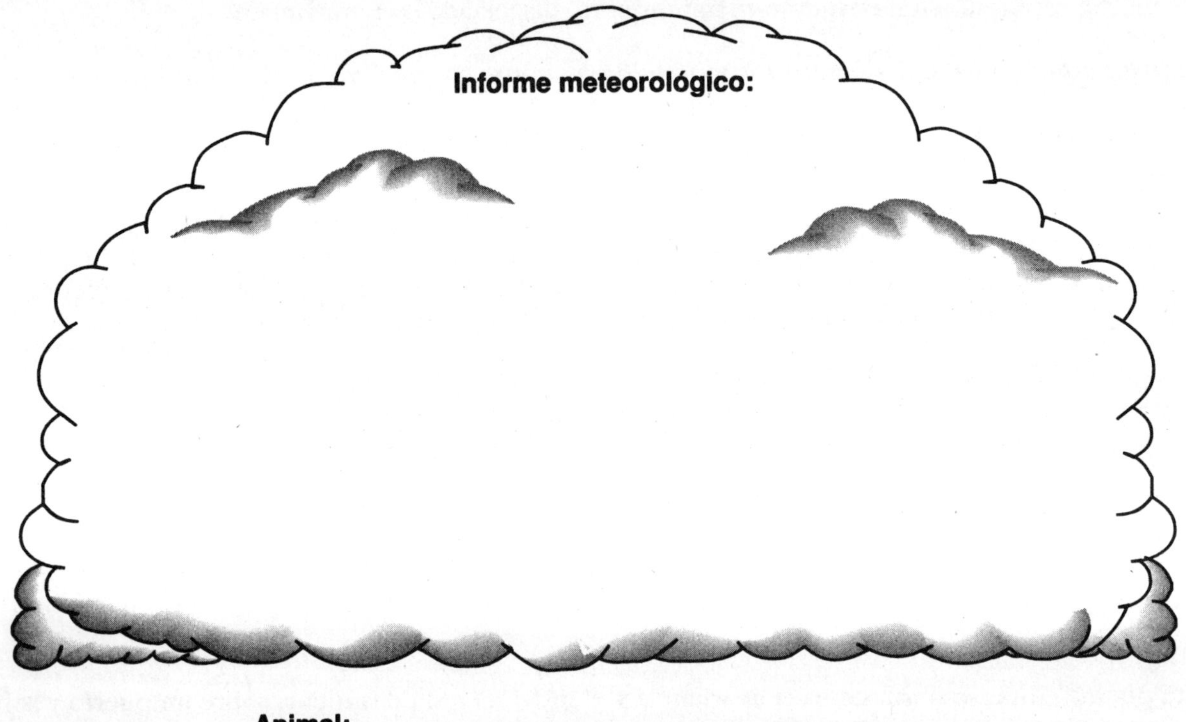

Animal: ____

1. Explica la conexión entre las condiciones del tiempo de hoy y el animal que escogiste para representarlo.

   ____

   ____

   ____

2. Ahora escribe sobre las condiciones del tiempo como una metáfora extendida, usando el animal que las representa, como hace Sandburg.

   ____

   ____

   ____

en Sólo-

E. E. Cummings

Conexiones

El misterioso forastero

En este poema, E. E. Cummings le ha dado a la primavera una nueva apariencia. Sí, hay mucho barro y agua, los niños juegan al aire libre y el vendedor de globos está de vuelta en el pueblo. Pero, ¿quién es el misterioso forastero?

Es cojo y tiene pezuñas de cabra. Si conoces la mitología griega, ya debes tener una pista. Hefesto, dios del fuego, era cojo. Dos mil años más tarde, viene a darle una chispa adicional a la primavera de este año. Pan, el dios pastoril a quien le encantaba bailar con las ninfas, tenía patas de cabra. Aquí está, llamando a los jóvenes para que bailen.

Por cierto, Pan inventó la flauta. ¿Puedes escuchar su eco en este poema?

Notas

Haz una lista con todas las cosas que asocias con cada estación del año en el área donde vives. Piensa en actividades, imágenes, olores, sabores, sonidos y hasta personas.

Guarda tus notas. Para preguntas y actividades sobre este poema, ver páginas 507-508.

Elementos de literatura

Imágenes renovadas

Parte de la tarea de cualquier buena poeta es encontrar imágenes renovadas, para evitar el uso de esas viejas y repetidas frases llamadas **clichés**. Advierte cómo Cummings combina las palabras para crear nuevas ideas sobre la primavera. «Delicioso como lodo» y «maravilloso como charco» son imágenes renovadas. Nos hacen recordar lo divertido que era jugar en el lodo y en los charcos cuando éramos niños.

> **U**n **cliché** es una frase o expresión muy usada y gastada. Los poetas quieren buscar **imágenes renovadas** que nos ayuden a ver el mundo de una manera original o poco usual.
>
> *Para más información sobre* Imagery *(Imágenes), ver páginas 492-493 y el Manual de términos literarios.*

Ha llegado la primavera y los niños salen corriendo al aire libre a disfrutar de la naturaleza. Cummings plasma su entusiasmo y energía en el ritmo de su poema, alternando palabras muy juntas con otras extremadamente separadas. Con espíritu infantil, acuña palabras compuestas que son divertidas de pronunciar. El estallido de emociones juveniles, estimuladas por la suave temperatura, es el verdadero milagro de la primavera. Pero un tono quizás algo melancólico es introducido con el silbido del vendedor de globos, cuyo pregón es repetido al principio, en el medio y al final del poema.

ORGANIZADOR GRÁFICO PARA LA LECTURA ACTIVA, P. 38

en Sólo-

E. E. Cummings **Edición del alumno, página 504**

Imágenes del misterioso forastero

La imagen central en el poema de E. E. Cummings es un vendedor de globos, un misterioso forastero que personifica la llegada de la primavera. Antes de leer el poema llena cada uno de los globos del gráfico de abajo con una de las cosas que asocies con la primavera. Puedes usar palabras, símbolos o dibujos.

1. Explica por qué llenaste cada globo en la forma que lo hiciste.

____

____

____

2. ¿Cuáles de las cosas que escogiste para representar la primavera son similares a las que usa Cummings en «en Sólo-» ? ¿Cuáles son diferentes?

____

____

____

____

Erraba solitario como una nube

William Wordsworth

Conexiones

Dos personas, un milagro

Este poema recoge con gran precisión un momento especial que ocurrió hace casi doscientos años. Para ser precisos el 15 de abril de 1802. Podemos ser precisos porque había otro testigo del milagro, la hermana del poeta, Dorothy, también una maravillosa escritora, quien describió el mismo milagro en su diario.

Notas

¿Recuerdas cuando alguna vez viste alguna escena que te causó gran impresión: la tierra vista desde la ventanilla de un avión, el océano, el desierto, un apagón en una ciudad, el pico de una montaña, la nieve blanqueando las calles de una ciudad? Cierra los ojos y regresa allí. Toma notas de lo que ves.

Guarda estas notas. Para preguntas y actividades sobre este poema, ver página 513.

Elementos de literatura

Formas de expresión

Este poema utiliza dos clases de formas de expresión. En un **símil** el escritor compara dos cosas diferentes utilizando palabras tales como «semejante», «como» o «se parece a». El primer verso de este poema se ha convertido en un símil famoso. En una **personificación,** el autor atribuye cualidades humanas a cosas inanimadas. Este poeta, cuando imagina a los narcisos bailando como si estuvieran en una coreografía, utiliza la personificación.

> Las **formas de expresión** son palabras o frases que describen una cosa en términos de otra muy diferente. Las formas de expresión no deben tomarse literalmente.
>
> *Para más información sobre* Figures of Speech *(Formas de expresión), ver páginas 520–521 y el Manual de términos literarios.*

Este poema comienza con un símil, comparando la soledad del orador con una nube flotando a la deriva. Pero la soledad se acaba cuando el orador encuentra «una muchedumbre» de narcisos. La personificación da a las flores una fuerza vital, y así se convierten en « jovial compañía» para el orador. En la última estrofa nos cuenta cómo en una fecha posterior vuelve a experimentar en su imaginación la gloria de los narcisos.

ORGANIZADOR GRÁFICO PARA LA LECTURA ACTIVA, P. 39

Erraba solitario como una nube

William Wordsworth   **Edición del alumno, página 509**

Dos personas / un milagro

Algunas personas se deleitan con la poesía, a otras les horroriza. ¿En cuál grupo figuras tú? Vas a analizar tu actitud a medida que avances en la lectura de «Erraba solitario como una nube» de William Wordsworth, y en Conexiones sobre la obra «Anotación en mi diario» de Dorothy Wordsworth. Las siguientes escalas de opinión miden las ideas sobre la poesía y la prosa. Antes de leer las selecciones, escribe la palabra *antes* en el punto de la escala que indique el mayor nivel de acuerdo o desacuerdo con cada afirmación. Después de leer cada selección, escribe la palabra *después* para responder a las mismas preguntas.

La poesía es más detallada que la prosa.

Totalmente de acuerdo ├─┼─┼─┼─┼─┼─┼─┼─┼─┼─┼─┼─┤ Total desacuerdo.

La poesía es más fuerte que la prosa.

Totalmente de acuerdo ├─┼─┼─┼─┼─┼─┼─┼─┼─┼─┼─┼─┤ Total desacuerdo.

La poesía utiliza lenguaje figurativo con más frecuencia que la prosa.

Totalmente de acuerdo ├─┼─┼─┼─┼─┼─┼─┼─┼─┼─┼─┼─┤ Total desacuerdo.

1. Después de leer las dos selecciones, ¿cambiaste alguna de tus opiniones? ¿Por qué? o, ¿por qué no?

____

____

____

____

2. ¿Piensas que porque William y Dorothy Wordsworth escribieron acerca de la misma escena influyó en tus respuestas de «después»? ¿Por qué? o, ¿por qué no?

____

____

____

____

Nunca vi un páramo

Emily Dickinson

Conexiones

Imaginando lo que no vemos
Todos los días, cada uno de nosotros viaja con la imaginación. (Sí, incluso cuando nos vemos corriendo un maratón o soñamos con ser un astro del básquetbol). Ser poeta significa captar y prestar atención a estos viajes, y escribir sobre cómo son y cómo se sienten esos destellos de la imaginación.

Notas

Nombra dos cosas que nunca hayas visto directamente, pero que puedes imaginar con claridad. Describe lo que ves, oyes, hueles, saboreas o tocas.

Guarda estas notas. Para preguntas y actividades sobre este poema, ver páginas 528-529.

Elementos de literatura

Dicción: Las palabras cuentan
Después de la muerte de Emily Dickinson sus amigos se dedicaron a copiar sus poemas (la letra de Dickinson era difícil de entender), para tratar de publicarlos. Pero en este proceso cambiaron algunas palabras. En el poema «Nunca vi un páramo» la palabra *onda* la cambiaron por *ola*, la palabra *carta* por *mapa*. Los cambios en la dicción introdujeron diferencias en el poema.

> **La dicción** es la selección de palabras de un escritor o de un orador.
>
> *Para más detalles sobre* Diction *(Dicción), ver el Manual de términos literarios.*

La poetisa declara que a pesar de que jamás vio un páramo o el mar, puede imaginarse cómo son. De la misma manera, su fe le permite creer en la existencia del Cielo, aunque sin tener una experiencia directa. La fuerte y simple fe de la poetisa se refleja en su dicción, al escoger sustantivos y verbos sencillos, y en su uso de la aliteración, (v. 2 y 4). Su dicción crea un tono de serenidad y pacífica certidumbre. Se puede deducir el tema del poema de la aparente contradicción que ella ilustra: El conocimiento no está basado necesariamente en la experiencia; la imaginación y la fe le dan a la gente una certidumbre que de otra manera no tendrían.

ORGANIZADOR GRÁFICO PARA LA LECTURA ACTIVA, P. 40

Nunca vi un páramo

Emily Dickinson   **Edición del alumno, página 522**

Imaginando cosas nunca vistas

En «Nunca vi un páramo» Emily Dickinson imagina un lugar que jamás había visto. Está tan segura de que existe, que siente como si en realidad hubiese estado allí. Completa el itinerario de un viaje hacia un lugar al que nunca fuiste pero sueñas con visitar. ¿Cómo podrías viajar? y, ¿qué verías y harías al llegar?

Itinerario de viaje hacia:
Destino:
Medios de transporte:
Clima / Terreno:
Lugares de interés, actividades, etc.:

1. Identifica y describe las palabras del itinerario que sean esenciales para que cualquier persona pueda imaginar el lugar que seleccionaste.

____

____

____

____

2. Ahora escribe un poema acerca de ese lugar utilizando esas palabras.

____

____

____

Poema de un secuestro

Nikki Giovanni

Conexiones

Ser llevado de paseo

A los poetas y a los niños les gusta jugar con las palabras. Lo comprobarás si escuchas hablar a cualquier niño de cuatro años. En «Poema de un secuestro» la poetisa pretende raptarte hacia su mundo, y para ello usa sustantivos como verbos. En realidad, en este poema hay tanta broma como secuestro.

Notas

Imagina qué profesión te gustaría ejercer: piloto de avión, profesor, escritor, fontanero, buceador, actor, ama de casa, disk jockey, lo que quieras. Después, haz una lista con todas las palabras que puedas asociar con esa profesión. Si escoges ser músico, por ejemplo, podrías empezar con: *sinfonía, notas, cuerdas, clave, coro.*

Guarda estas notas. Para preguntas y actividades sobre este poema, ver páginas 528–529.

Elementos de literatura

Jugando con palabras

Como pudiste ver en la página 489, los poetas juegan con las palabras. Esta poetisa juega con los sustantivos y los convierte en verbos, después juega con palabras que tienen el mismo sonido pero que se deletrean en forma diferente, y también juega con palabras que tienen varios significados. Lee cuidadosamente, pues este poema es como un juego de palabras con trucos escondidos.

> **U**n **retruécano** es la figura que juega con **múltiples significados** de una palabra (en inglés: flies, club, kid) o con dos palabras que tienen **sonido similar pero significados diferentes** (en inglés: *pause, paws*). Algunos ejemplos en español: crema, saco, creo. O: casa, caza.
>
> *Para más detalles sobre* Puns *(Retruécanos), ver el Manual de términos literarios.*

En este poema de verso libre Giovanni compara la experiencia de ser atraído por un gran poema con ser raptado por su autor. Extiende la metáfora a lo largo del poema, indicando todas las cosas que le gustaría hacer con sus secuestrados lectores: llevarlos a la playa, llevarlos a su casa, cantarles. Crea retruécanos con términos poéticos, que tienen la doble función de ser verbos de acción o movimiento, por ejemplo: «metro» en el verso 6 y «carrera» en el 10. Su visión ayuda al lector a imaginar el verdadero poder de la lectura, la fuerza que te lleva al mundo de otra persona.

ORGANIZADOR GRÁFICO PARA LA LECTURA ACTIVA, P. 41

Poema de un secuestro

Nikki Giovanni   **Edición del alumno, página 524**

Ser llevado de paseo

En «Poema de un secuestro» Nikki Giovanni lleva a los lectores a dar un paseo por su mundo de la poesía. Piensa en alguien especial a quien quisieras llevar a pasear por *tu* mundo —puede ser una persona real o imaginaria, o un personaje literario. ¿Qué le mostrarías a tu invitado? Utiliza el gráfico del vehículo para escribir tus ideas. Puedes usar palabras, símbolos, dibujos o una combinación de los tres.

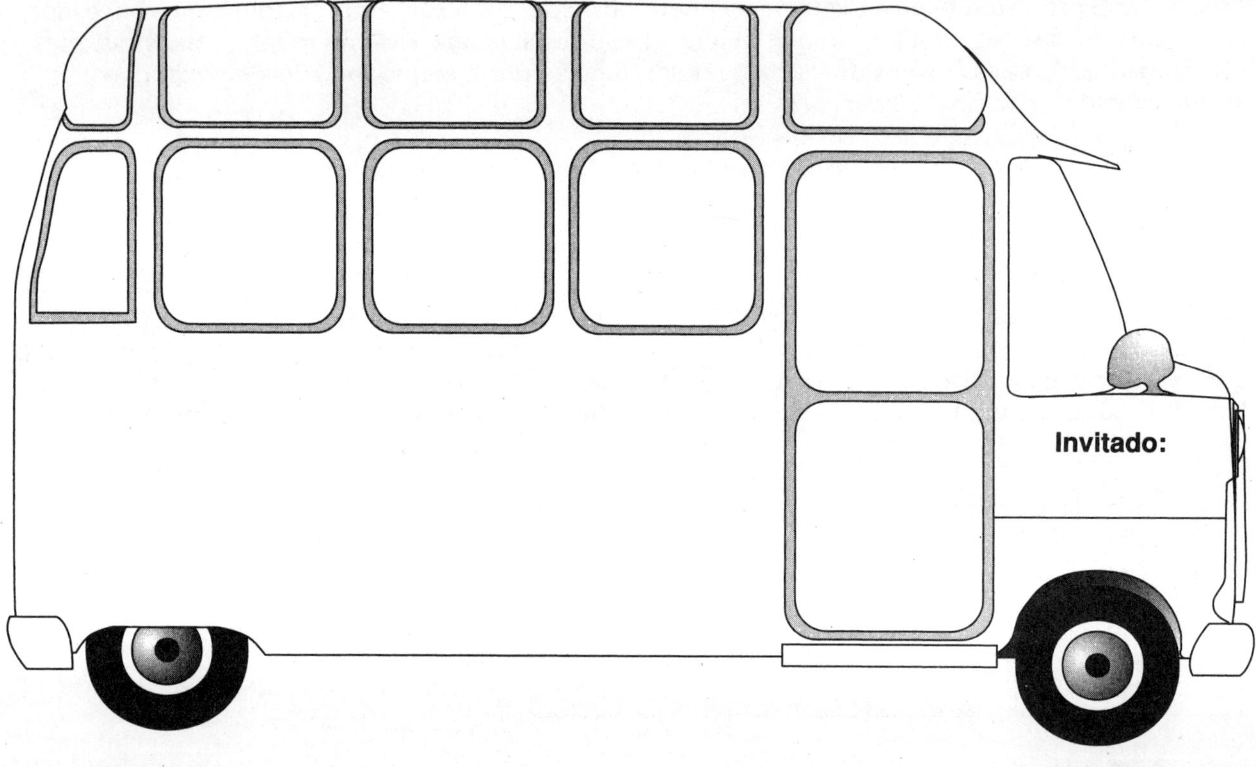

1. Explica por qué escogiste a ese invitado.

____

____

____

2. Describe algunas de las semejanzas y/o diferencias entre tu mundo y el de Nikki Giovanni.

____

____

____

____

Hacia el Sur por la autopista

May Swenson

Conexiones

La imaginación en el lugar de la filmación
Este poema comienza con un largo plano de travelling, luego se aproxima, mantiene su posición, y toma una serie de primeros planos. Si todo esto se parece a rodar una película, lo es. Igual que en las películas, la imaginación puede hacer tomas de lejos, cortar escenas, hacer empalmes, tomas panorámicas y primeros planos. Aquí tenemos una película sobre una criatura... Bueno, tendrás que descubrirlo por ti mismo. Según vayas viendo esta «película», decidirás adónde te lleva la imaginación del poeta.

Notas

Imagina que tú eres un ser extraterrestre sumamente inteligente pero que jamás has visto a un ser humano. Por primera vez en tu vida ves a uno levantándose de la cama, cepillándose los dientes, cantando en un coro o jugando al sóftbol.

Escoge algunas de estas actividades (u otras que se te ocurran) y escribe cómo piensas que el extraterrestre las describiría.

Guarda estas notas. Para preguntas y actividades sobre este poema, ver páginas 528–529.

Elementos de literatura

Orador: ¿Quién habla?
En el poema de Emily Dickinson en la página 490, escuchamos una voz que habla en primera persona, «yo». Sabemos que es un niño porque él mismo nos lo dice en el segundo verso, pero quien escribe el poema es una mujer. Los poetas pueden imaginarse a cualquier persona o cosa como el narrador en sus poemas. En el poema de Don Marquis en la página 140, el orador es una cucaracha. Siempre que empieces a leer un poema pregúntate: ¿Quién me habla?

> **El orador** en un poema es la voz que nos habla.

En un comentario irónico sobre el papel que el automóvil desempeña en nuestras vidas, Swenson nos describe lo que piensa de la Tierra un turista que viene de una ciudad llamada Orbitville, situada en el espacio exterior. El extraterrestre, que es el orador, confunde los vehículos con seres vivientes, y los describe diciendo que tienen cuerpos de vidrio y de metal, pies redondos, cuatro ojos y voces silbantes. Se pregunta si las formas blandas dentro de los automóviles son las tripas o el cerebro de esas criaturas. La imaginación humorística de la poetisa suscita una seria pregunta: ¿Se ha convertido el automóvil en la «criatura» más notable del planeta?

ORGANIZADOR GRÁFICO PARA LA LECTURA ACTIVA, P. 42

Hacia el Sur por la autopista

May Swenson   **Edición del alumno, página 526**

La imaginación en lugar de la filmación

En «Hacia el Sur por la autopista» el visitante de Orbitville saca conclusiones sobre los habitantes de la Tierra basándose en sus observaciones. Imagina que su nave espacial está, en este preciso momento, suspendida sobre tu escuela. ¿Qué podría observar y a qué conclusiones llegaría? En la lente de la izquierda haz una lista de por lo menos cinco actividades o actitudes que el turista podría observar. En la de la derecha, describe las conclusiones que sacarían los turistas de sus observaciones.

1. Explica por qué incluiste esas observaciones que escogiste.

____

____

____

2. Compara las conclusiones de la lente de la derecha con las del turista en el poema.

____

____

____

____

Las siete edades del hombre

William Shakespeare

Conexiones

La vida en siete actos
Siete actos. Sí, este poeta imagina que el desarrollo de tu vida durará siete actos. Según este orador, ya estás en medio del segundo acto. Fíjate en la predicción de Jaques, (ják), sobre el resto de tu vida en este parlamento de la comedia de Shakespeare *Como gustéis.*

Notas

Adelántate a lo que dice Shakespeare. Escribe cuáles *crees tú* que son las siete etapas de la vida de una persona.

Guarda estas notas. Para preguntas y actividades sobre este poema, ver páginas 538-539.

Elementos de literatura

Metáfora extendida
Jaques comienza con una de las más famosas metáforas jamás escrita: «El mundo entero es un escenario». Luego la extiende para comparar las etapas de nuestras vidas con siete actores, que representan sus papeles y luego se retiran del escenario.

> **U**na **metáfora extendida** es una comparación que se desarrolla a lo largo de varios versos de un poema.
>
> *Para más detalles sobre* Metaphors *(Metáforas), ver páginas 520-521 y el Manual de términos literarios.*

RESUMEN

En este poema de verso libre Shakespeare compara el mundo con un escenario, a las personas con actores, y a sus vidas con los papeles en una obra teatral. Él divide la vida de un hombre en siete actos o edades: niño, escolar, amante, soldado, juez, bufón (un viejo tonto) y la segunda niñez. La metáfora extendida personifica el tema del poema. La vida sigue una pauta fija que termina en la nada.

ORGANIZADOR GRÁFICO PARA LA LECTURA ACTIVA, P. 45

Las siete edades del hombre

William Shakespeare   **Edición del alumno, página 536**

La vida en siete actos

Cuando vas a una función de teatro el acomodador te da un programa para que puedas identificar a los actores. Asumiendo que tu vida es una obra teatral en siete actos, como dice Jaques, inventa un programa escogiendo a los «actores» que seleccionarías para que te representen en cada acto. En la primera columna escribe la edad que tendrías en cada acto y qué papel representarías. Por ejemplo, en el cuarto acto, ¿serías un estudiante o un joven abogado? En la segunda columna las personas que elegirías para representarte pueden ser amigos, familiares, actores del cine o la televisión o personajes de la literatura, y puedes designar un «actor» para más de un papel.

Mi vida en siete actos	
Reparto de personajes	**Representado por**
Primer acto:	
Segundo acto:	
Tercer acto:	
Cuarto acto:	
Quinto acto:	
Sexto acto:	
Séptimo acto:	

Después de la lectura:

1. ¿Cuál sería el título de esta obra teatral sobre tu vida? ¿Por qué? _________________

____

____

2. ¿Cómo comparas los siete actos de tu obra con los aludidos en el poema de Shakespeare?

____

____

____

Fuego y hielo

Robert Frost

Conexiones

¿De quién es la culpa?

Desde el comienzo de los tiempos la gente se ha imaginado, y muchas veces ha pronosticado, el fin del mundo. Hoy en día los científicos dicen que el sol se extinguirá dentro de aproximadamente seis mil millones de años. Es demasiado tiempo como para preocuparnos, pero, ¿qué pasa con el agujero en la capa de ozono? ¿Y el calentamiento global? ¿Qué pasa con ese meteorito precipitándose a través del espacio? ¿Y si hubiera una nueva era glaciar?

Notas

¿Qué piensas cuando escuchas las palabras «fuego» y «hielo»? ¿Qué características tienen en común los dos elementos?

Toma notas sobre lo que piensas.

Elementos de literatura

Metáfora implícita

El poema «Fuego y hielo» gira en torno a dos metáforas, pero las comparaciones nunca se expresan en forma directa. Usa tu poder de deducción para descubrir: ¿Qué tipo de emociones simbolizan el fuego y el hielo?

> **U**na **metáfora implícita** no nos dice directamente que una cosa *es* algo distinto. En cambio, utiliza palabras que sugieren la índole de la comparación.
>
> *Para más detalles sobre* Metaphors *(Metáforas), ver páginas 520–521 y el Manual de términos literarios.*

En este poema Robert Frost utiliza una metáfora implícita para crear una ironía. Iguala el deseo con el fuego, y el odio con el hielo; a pesar de que estas emociones son totalmente opuestas, son igualmente destructivas. Con un estilo informal le dice al lector que ha experimentado las dos, y que ambas tienen el poder de terminar con el mundo.

ORGANIZADOR GRÁFICO PARA LA LECTURA ACTIVA, P. 46

Fuego y hielo

Robert Frost   **Edición del alumno, página 540**

¿De quién es la culpa?

En «Fuego y hielo» Robert Frost explora dos posibles formas de cómo podría acabar el mundo: en medio del fuego, o del hielo. Frost usa metáforas para lograr vívidas imágenes de los dos finales, comparando el deseo con el fuego y el odio con el hielo. ¿Qué tienen en común el fuego y el deseo, el hielo y el odio? Usando palabras, símbolos o dibujos, analiza tus ideas sobre estas metáforas en el esquema de abajo. En la zona superpuesta de cada dibujo explica cómo los elementos y las emociones evocadas por cada metáfora pueden conducir al tipo de tragedia que Frost imagina.

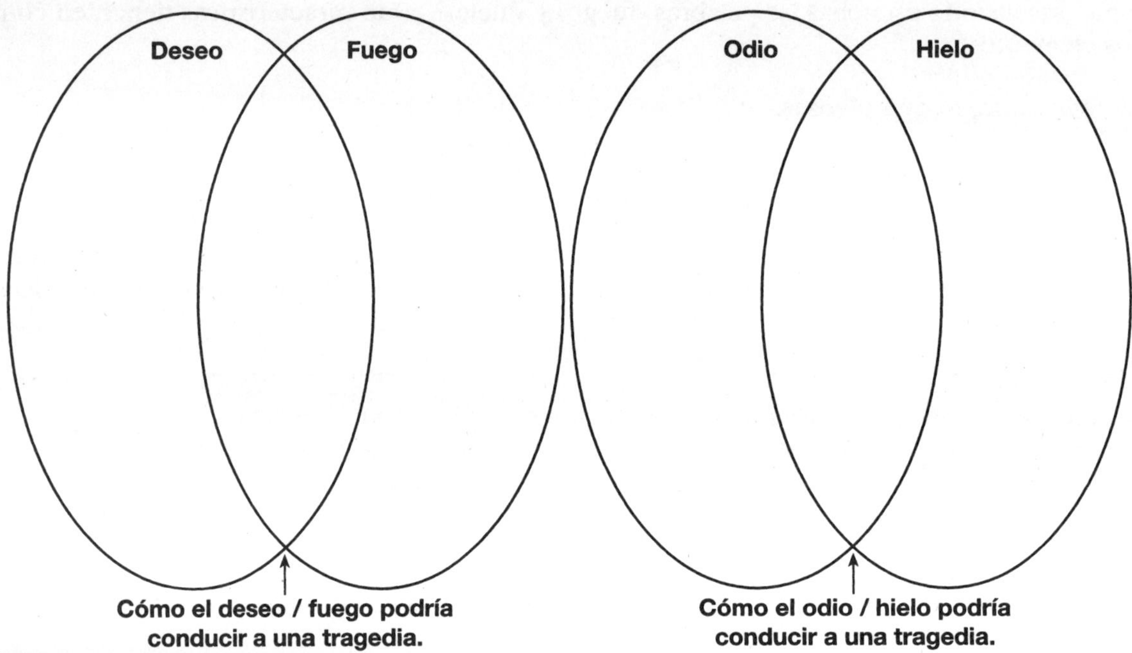

Después de la lectura

1. Explica por qué completaste los esquemas de esa manera.

____

____

____

____

2. ¿Por qué piensas que Frost usa esas metáforas en particular para describir cómo podría terminar el mundo?

____

____

____

____

Mujeres

Alice Walker

Conexiones

Lo que se nos da
Muy pocos llegamos a este mundo teniendo mucho dinero. Sin embargo, cada uno de nosotros
hereda un tesoro incalculable, ya que somos beneficiarios directos de todos los seres humanos que
han vivido hasta ahora. Lo que hicieron con sus vidas afecta las nuestras. Si heredamos un planeta
contaminado, son parcialmente responsables. Si lucharon para hacer del mundo un lugar mejor,
también eso es parte de nuestro legado.

Notas

Toma notas acerca de las personas que te han ayudado a ser quien eres hoy. Probablemente
pensarás en familiares, profesores, líderes religiosos, pero piensa también en otros, incluso
personas del pasado.

Guarda estas notas. Para preguntas y actividades sobre este poema, ver página 558.

Elementos de literatura

Metáfora: derribando las puertas
El famoso poema de Walker se desarrolla en torno a una metáfora, sugerida por primera vez en los
versos 12–13 y continuando luego hasta el 18. Está basada en una comparación que nunca es
presentada directamente. Después de leer el poema, indica con qué compara Walker a sus mujeres
y sus luchas.

> **U**na **metáfora implícita** no expresa directamente que una cosa *sea*
> otra. En cambio, se utilizan palabras para sugerir la comparación.
>
> *Para más detalles sobre* Metaphor *(Metáfora), ver páginas 520–521 y el
> Manual de términos literarios.*

RESUMEN

«Mujeres» celebra el valeroso amor de las madres que luchan por lograr una vida mejor para sus
hijos. El poema compara indirectamente la lucha de las madres para conseguir una educación para
sus hijos con una operación militar, en que la batalla es sugerida con imágenes como «Generales
con turbantes en la cabeza» y «Trampas explosivas / Trincheras».

Mujeres

Alice Walker   **Edición del alumno, página 556**

Lo que se nos da

En «Mujeres» Alice Walker expresa su gratitud por el legado de la generación de su madre. ¿Qué heredaste tú de las generaciones anteriores? En el rollo que figura a continuación, usa dibujos, símbolos, palabras o una combinación de los tres para indicar por lo menos tres cosas que has heredado. Una herencia puede ser algo que ha beneficiado a muchísima gente, como la democracia, o algo más personal, como el sentido del humor. Si citas algo concreto, como un anillo, explica su significado.

1. Describe a dos personas (o grupos de personas) de quienes hayas recibido tu herencia. Si tienen parentesco contigo, explica cuál. ¿Qué hicieron para dejarte un legado? Si no sabes mucho de estas personas, imagina sus características.

   a. ____

   ____

   b. ____

   ____

2. ¿Qué tipo de herencia querrías tú dejar?

   ____

   ____

   ____

El vals de mi papá

Theodore Roethke

Conexiones

Sensaciones que se recuerdan

Recuerda cuando eras pequeño y sentiste algo intensamente. Algo pudo asustarte, o hacerte muy feliz, con tanta intensidad que sentías que podías estallar. Pudo ser por el simple hecho de que alguien te regaló un perrito, o que te perdieras en un supermercado. ¿Cuál experiencia de esa índole recuerdas? ¿Dónde te encontrabas? ¿Qué hacías? ¿Qué ropa llevabas? ¿Quién estaba contigo? ¿Qué colores o sonidos todavía te son reales?

Notas

Piensa ahora cómo podrías contar esas experiencias y expresar esos sentimientos con palabras. Anota algunos detalles que comuniquen la experiencia y las sensaciones, pero sin nombrar éstas últimas.

Guarda estas notas. Para preguntas y actividades sobre este poema, ver página 563.

Elementos de literatura

Rimas: sonidos armoniosos

Por supuesto, en la poesía nada funciona aisladamente. El ritmo, el tema, la actitud del orador, hasta la longitud del poema, todos estos elementos se combinan para producir efectos en nosotros.

Pero es la **rima** por lo general lo primero que notamos. La rima puede tener una amplia variedad de efectos. En algunos poemas puede crear humor; en otros puede sonar solemne, seria; en otros atrayente, o como una canción. En los poemas malos la rima puede parecer un sinsonte monótono y rutinario. Escucha las rimas de Roethke. ¿Tienen una sílaba o varias? ¿Responden a una estructura?

> **Rima** es la repetición de vocales acentuadas, y todos los sonidos que le siguen, en palabras agrupadas. **Un esquema de rimas** es la estructura de rimas en un poema.
>
> *Para más detalles sobre* Rhyme *(Rima), ver páginas 559–560 y el Manual de términos literarios.*

Usando una rima esquemática de sinsonte *abab,* Roethke nos presenta una vívida escena de la niñez: un niño se aferra «como la muerte» a su padre, que lo lleva por la cocina bailando un animado vals.

ORGANIZADOR GRÁFICO PARA LA LECTURA ACTIVA, P. 49

El vals de mi papá

Theodore Roethke   **Edición del alumno, página 561**

Sensaciones que se recuerdan

Theodore Roethke usa en este poema varios detalles e imágenes elocuentes. Su madre frunciendo el ceño, las ollas cayendo al suelo, e ir bailando hasta la cama con su padre, son imágenes que le ayudan a revivir un recuerdo de la niñez. Piensa en algún suceso que recuerdes muy bien. En el círculo del centro, usando palabras, símbolos o dibujos, describe tu experiencia. Luego, en los óvalos que lo rodean indica colores, sonidos, olores, texturas y otros detalles o imágenes que hacen que ese suceso sea tan memorable.

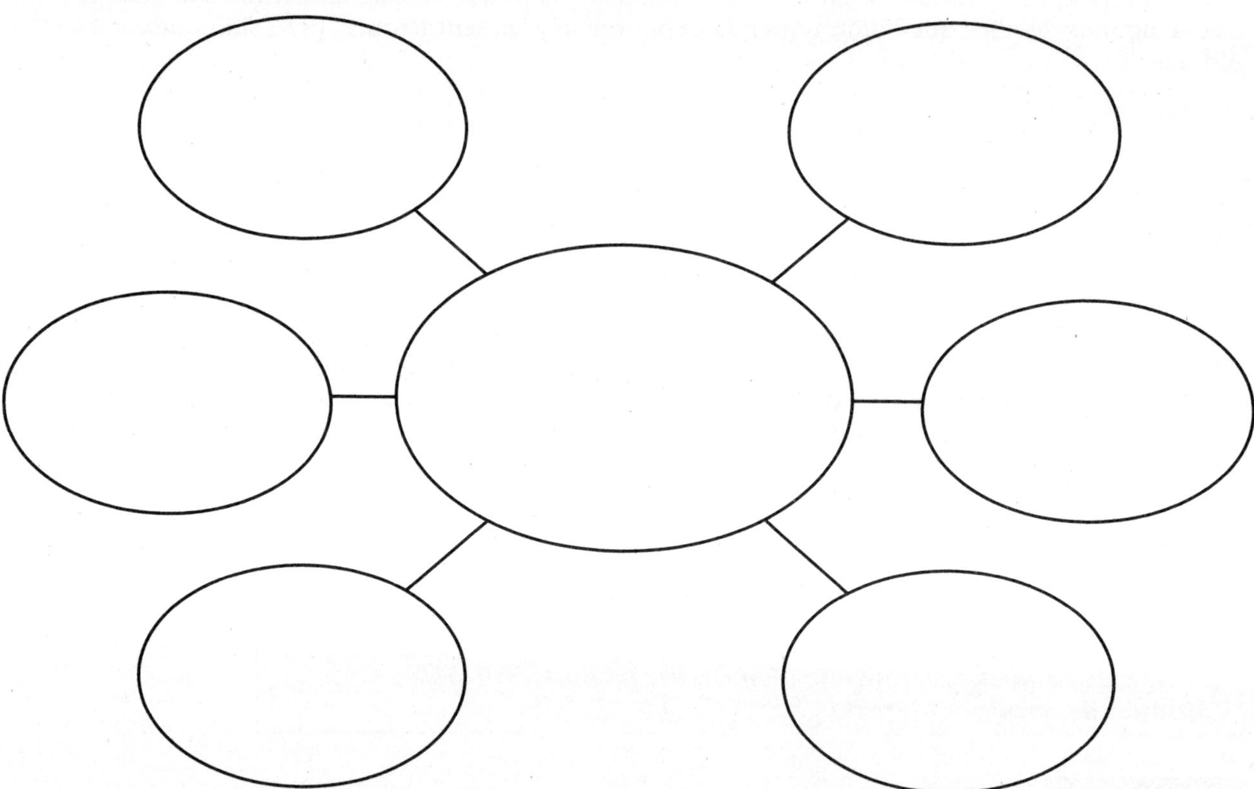

1. De todos los detalles que describiste en los pequeños globos, ¿cuál es tu favorito? ¿Por qué?

____

____

2. ¿Fue tu experiencia mayormente positiva, mayormente negativa, o una mezcla? Explícalo.

____

____

____

El regalo

Li-Young Lee

Conexiones

Ternura y disciplina

Pareciera que los momentos más intensos, cuando las cosas van maravillosamente bien o terriblemente mal, son los que nos dan las imágenes más claras de ciertas personas. Es en esos momentos cuando la gente nos muestra cómo es y cómo nosotros mismos podemos llegar a ser.

Notas

Trata de recordar algún incidente en el que la forma de actuar de un padre, un profesor o un amigo fue un modelo de lo que te gustaría llegar a ser.

Guarda estas notas. Para preguntas y actividades sobre este poema, ver páginas 568–569.

Elementos de literatura

Grupos de pausas

Los poemas de verso libre pueden crear ritmo organizando las palabras en grupos de pausas, que generalmente pueden definirse por la puntuación. Presta atención a los signos de puntuación en este poema. Haz una breve pausa para respirar cuando encuentres una coma. Detente en los puntos. Deja que tu voz se alce y se suavice en forma natural, como la voz de un narrador de cuentos. ¿Percibes el ritmo?

En el **verso libre** se puede crear el ritmo mediante agrupaciones de pausas que hacemos al respirar, las que se señalan con signos de puntuación.

Para más detalles sobre Free Verse *(Verso libre), ver páginas 554–555 y el Manual de términos literarios.*

Cuando el oradore le saca una astilla del pulgar a su esposa, recuerda que en su niñez tuvo un incidente similar, cuando su padre le quitó una astilla metálica de la palma de una mano. El orador recuerda más la ternura de su padre que el dolor que sentía. El amor transforma la operación, le hace imaginar esa astilla metálica como si fuera un regalo que el padre le puso en su mano. Estos recuerdos ayudan a explicar la propia ternura del orador, cuando realiza delicadamente una operación similar en la mano de su esposa.

ORGANIZADOR GRÁFICO PARA LA LECTURA ACTIVA, P. 50

El regalo

Li-Young Lee   **Edición del alumno, página 564**

Ternura y disciplina

Con el paso del tiempo, el orador recuerda en «El regalo» un momento específico de su niñez, que le ayuda a descubrir el verdadero carácter de su padre. En la parte superior del reloj de arena, usa dibujos, símbolos, palabras o una combinación de los tres para analizar un momento en particular que te haya dejado una impresión duradera sobre alguien. En la parte inferior indica lo que aprendiste en ese momento acerca de la persona en cuestión.

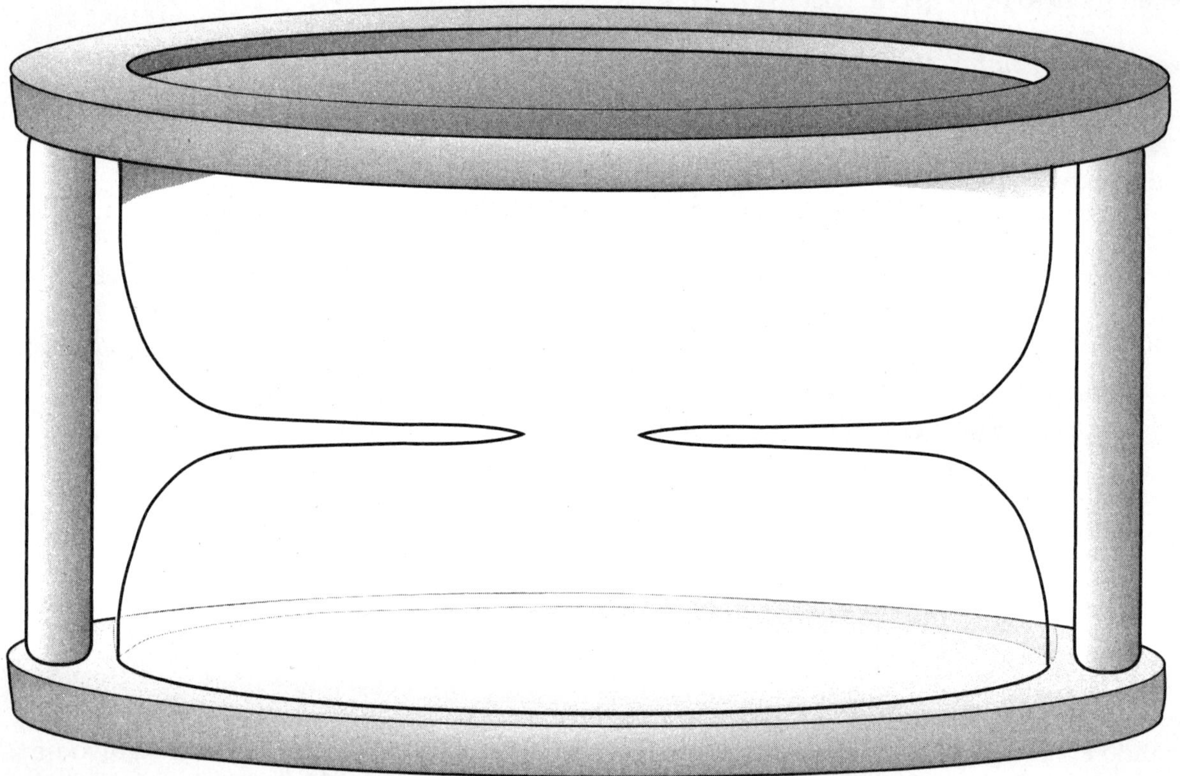

Después de la lectura

1. ¿Cómo ha afectado tu carácter la experiencia que has recordado?

____

____

____

2. ¿Por qué piensas que el momento que el orador recuerda en el poema le deja una impresión tan profunda?

____

____

____

Quince

William Stafford

Conexiones

Tan cerca

Algunas veces estamos muy cerca de conseguir cosas que queremos, pero que no podemos lograr. Puede que no tengamos la edad, la fuerza o la valentía suficientes como para poseer esas cosas. O, quizá, todavía no nos hemos ganado el derecho a tenerlas. Aun así, llegar muy cerca de lo que deseamos nos puede dejar con extraños sentimientos encontrados.

Notas

Cuando eres joven, muchas cosas parecen estar fuera de tu alcance. Piensa en algún momento en que te aproximaste mucho a algo que realmente querías, pero que no pudiste conseguir o adquirir. ¿Qué era? ¿Qué sentiste depués que pasó el momento? ¿Tuviste alguna opción en el incidente?

Guarda estas notas. Para preguntas y actividades sobre este poema, ver páginas 574-575.

Elementos de literatura

Conflictos: dos tipos

El **conflicto** se presenta en dos formas: externo e interno.

Externo: Demandas judicialmente a tu vecino por haber plantado una hiedra venenosa al lado de tu casa. Tú y un enorme oso hallan al mismo tiempo un magnífico sector cubierto de frambuesas.

Interno: El barco se hunde y una madre con un bebé te pide que le cedas tu sitio en el bote salvavidas. Si les cuentas a tus amigos lo que realmente piensas de la forma en que se comportan, te abandonarán.

> **E**n un **conflicto externo** el personaje lucha contra una fuerza exterior. Un **conflicto interno** es la lucha entre necesidades, deseos, o emociones opuestas, dentro de una misma persona.
>
> *Para más detalles sobre* Conflict *(Conflicto), ver páginas 32-32 y el Manual de términos literarios.*

Un día de verano, cuando el narrador tiene quince años, se encuentra con una motocicleta yaciendo sobre el suelo, abandonada, con el motor en marcha. Admirando la moto, el joven la personifica como su «compañera» de viaje y fantasea con llevársela y marcharse. Pero después busca y encuentra a su dueño, que recuperaba el conocimiento tras el accidente. El hombre acaricia la moto con su mano ensangrentada, le dice al joven que es un «buen hombre», y se va zumbando. El conflicto interno es inherente a la decisión que el joven se ve obligado a tomar: una decisión que le hace pasar de adolescente a adulto.

ORGANIZADOR GRÁFICO PARA LA LECTURA ACTIVA, P. 52

Quince

William Stafford   **Edición del alumno, página 570**

Tan cerca

Lee las primeras tres estrofas del poema «Quince» de Stafford, y piensa en la edad del narrador. Basándote en el poema, ¿en qué parece mayor y en qué más joven que su edad? Escribe tus ideas en las ruedas de la moto que ves a continuación.

Después de la lectura

1. ¿Por qué crees que el narrador decidió buscar al dueño de la moto?

____

____

____

2. ¿Si pudieras decirle lo que opinas de su decisión, qué le dirías?

____

____

____

____

El cachorro

Aleksandr Solzhenitsyn
traducido por **Michael Glenny**

Conexiones

Lección de un perrito

Algunas veces, los temas más importantes son presentados con tono ligero. En este cuento el escritor ruso Aleksandr Solzhenitsyn hace una sencilla descripción de un perrito jugando en la nieve. Solzhenitsyn pasó ocho años en un campo de concentración por haber criticado al dictador Josef Stalin, y sus obras fueron prohibidas en la antigua Unión Soviética durante casi toda su vida. Al saber esto nos damos cuenta de que el tema es mucho más serio que un cachorro juguetón.

Notas

Escribe tres metáforas identificando la libertad con algo diferente. Empieza con las palabras «La libertad es». Di lo que piensas.

Guarda estas notas. Para preguntas y actividades sobre este poema, ver páginas 596–597.

Elementos de literatura

Poema en prosa

Solzhenitsyn escribió esta descripción sencilla y delicada en forma de un **poema en prosa,** una composición compacta que crea los ritmos de verso libre. Para expresar un mensaje, utiliza una visión del perro soltado de su correa, jugando por unos breves momentos en la nieve. Mira si las palabras que usa se podrían aplicar a un oso, el símbolo tradicional de Rusia.

> **U**n **poema en prosa** es una composición compacta y rítmica, escrita en forma de párrafos en prosa. Como cualquier poema, a menudo presenta un mensaje mediante una vívida figura de expresión.

RESUMEN

Un perro llamado Sharik ha estado encadenado desde que era un cachorrito. Un día de nieve lo deja suelto, y salta y corre, disfrutando su libertad de movimiento. El orador le trae unos huesos de pollo, pero Sharik no se detiene por la comida; prefiere su libertad.

El cachorro

Aleksandr Solzhenitsyn
traducido por **Michael Glenny**   **Edición del alumno, página 588**

Lección de un perrito

Si el perro en el poema en prosa de Solzhenitsyn te perteneciera, ¿cómo lo llamarías? El nombre que le des debe reflejar su carácter o tener un significado simbólico. Escribe el nombre del perro en la plaqueta.

1. Explica por qué escogiste ese nombre para el perrito. Utiliza por lo menos una referencia del poema para apoyar tu selección.

____

____

____

____

____

2. La expresión «Tirarle un hueso» significa dar algo a una persona para distraer su atención de una meta más importante. ¿Qué «huesos» puede ofrecer un dictador al pueblo para distraer sus mentes del ansia de libertad? ¿Bajo qué circunstancias la gente puede rehúsar los «huesos»?

____

____

____

____

____

Harlem

Langston Hughes

Conexiones

«Un sueño postergado»
Todos tenemos sueños para el futuro. Todos necesitamos creer que pueden convertirse en realidad. ¿Pero qué pasa cuando los tenemos que ir demorando? Langston Hughes ha escrito un poema que contesta esta pregunta. «¿Qué le pasa a un sueño que es postergado?»

Notas

¿Qué pasa cuando tienes que abandonar o posponer un sueño? Escribe en forma libre tus respuestas a la pregunta del primer verso del poema. Usa las palabras e imágenes más agudas que se te puedan ocurrir.

Guarda estas notas. Para preguntas y actividades sobre este poema, ver páginas 596-597.

Elementos de literatura

Figuras de expresión
Cuando la autora teatral Lorraine Hansberry escribió sobre las esperanzas, la valentía y las derrotas de una familia afro-norteamericana, halló el título de su obra *Una pasa de uva en el sol* en uno de los versos de este poema. Utilizando una figura de expresión, Hansberry prefirió dejar el significado literal y utilizar una conexión imaginativa. Las figuras de expresión siempre se basan en comparaciones, y no son literalmente ciertas. Un **símil** crea una comparación con palabras de conexión como *igual, similar a, más* o *se parece*. Una **metáfora** compara dos cosas que no se parecen entre sí sin el uso de estas palabras de conexión. Intenta encontrar los cinco símiles que Hughes usa para describir un sueño postergado.

¿Qué poderosa metáfora indica en lo qué el sueño podría convertirse?

> Una *figura de expresión* es una palabra o frase que describe algo en términos de otra cosa totalmente diferente.
>
> *Para más detalles sobre* Figures of Speech *(Figuras de expresión), ver páginas 520–521 y el Manual de términos literarios.*

En este poema corto y engañosamente sencillo, Hughes usa varias figuras de expresión para evocar los sentimientos de decepción, frustración, amargura y furia que engendran la injusticia social y racial. El poeta presenta cinco vívidos símiles para plasmar la esencia de «un sueño postergado». En el último verso utiliza una metáfora implícita para sugerir que la furia reprimida es tan peligrosa como una bomba de relojería. Este poema debiera ser leído en voz alta. Muchas de las observaciones están presentadas como preguntas retóricas, y el último verso esta en letra bastardilla para darle mayor énfasis.

ORGANIZADOR GRÁFICO PARA LA LECTURA ACTIVA, 56

Harlem

Langston Hughes   **Edición del alumno, página 590**

«Un sueño postergado»

Algunas veces los sueños se hacen realidad y otras veces no. Si alguna vez has tenido que posponer o abandonar un sueño, sabes que puede ser una experiencia devastadora. En la nube del sueño de abajo, usa palabras, símbolos, dibujos o una combinación de los tres para analizar alguno de tus propios sueños, pasados y presentes.

Después de la lectura

1. ¿Qué función cumplen los sueños, es decir, qué hacen para el soñador?

____

____

____

2. En el poema, las imágenes plasman de una forma efectiva la sensación de un sueño postergado. ¿Cómo lo hacen?

____

____

____

Extranjera legal / Legal Alien

Pat Mora

Conexiones

Entre varios mundos
Cada uno de nosotros pertenece a varios mundos diferentes: diferente sexo, etnia, stuación económica. Las combinaciones son infinitas. La narradora de «Extranjera legal» es una mexicano-norteamericana que vive en dos mundos al mismo tiempo: el mundo de sus antepasados y legado mexicanos, y el llamado «mundo anglo» que la rodea. Un extranjero legal es la persona que ingresa en Estados Unidos por medios legales.

Notas

Piensa sobre todos los mundos a los que perteneces: el de tu casa, tu colegio, tu iglesia, los deportes, tus amigos. Haz listas indicando al menos tres formas de cómo te sientes o te comportas en dos de tus mundos. A continuación verás un ejemplo.

Mis mundos	
Escuela Algunas veces me siento torpe.	**Deportes** Me siento especial, con éxito, libre.

Guarda estas notas. Para preguntas y actividades sobre este poema, ver página 600.

Elementos de literatura

Tono: Fíjate en la selección de palabras
Bilingüe, bicultural. Parecen, éstas, cosas inocentes y correctas que uno pueda ser. Pero lo que sigue en este poema es de todo, excepto relajado. Fíjate en la selección de palabras: *exótica, inferior, definitivamente diferente, extranjera.* Éstas son palabras perturbadoras, que Pat Mora elige deliberadamente para que comprendas cómo se siente realmente.

Mientras lees, no puedes ver la cara o los gestos de la escritora. No puedes oír su voz. Por eso los escritores tienen que hacer que las palabras te muestren cómo se sienten —expresar **su tono**. El tono puede ser sencillo, o muy complicado y cambiable.

El **tono** es la actitud del escritor hacia su lectores, tema o un personaje. El tono puede ser transmitido mediante la selección de palabras que haga el escritor.

Para más detalles sobre Tone *(Tono), ver páginas 586–587 y el Manual de términos literarios.*

La narradora describe la difícil situación en la que se encuentran las personas como ella, que son bilingües y biculturales. Aunque la narradora funciona en forma eficaz en un contexto «anglo» o Mexicano, no se siente totalmente cómoda en ninguno de ellos. Navega entre dos mundos que están separados y que se miran con recelo, y los dos la ven, por lo menos hasta cierto punto, con prejuicio. El bilingüismo de la narradora se ve reforzado por las dos versiones de su poema, una en inglés y otra en español.

ORGANIZADOR GRÁFICO PARA LA LECTURA ACTIVA, P. 58

Extranjera legal / Legal Alien

Pat Mora **Edición del alumno, página 598**

Entre varios mundos

Para entender mejor el punto de vista de la narradora sobre su situación en «Extranjera legal», completa el diagrama de Venn de abajo. Incluye detalles sobre lo que ve, dice, hace y siente en cada mundo. En la parte superpuesta indica las semejanzas que hay en estos mundos.

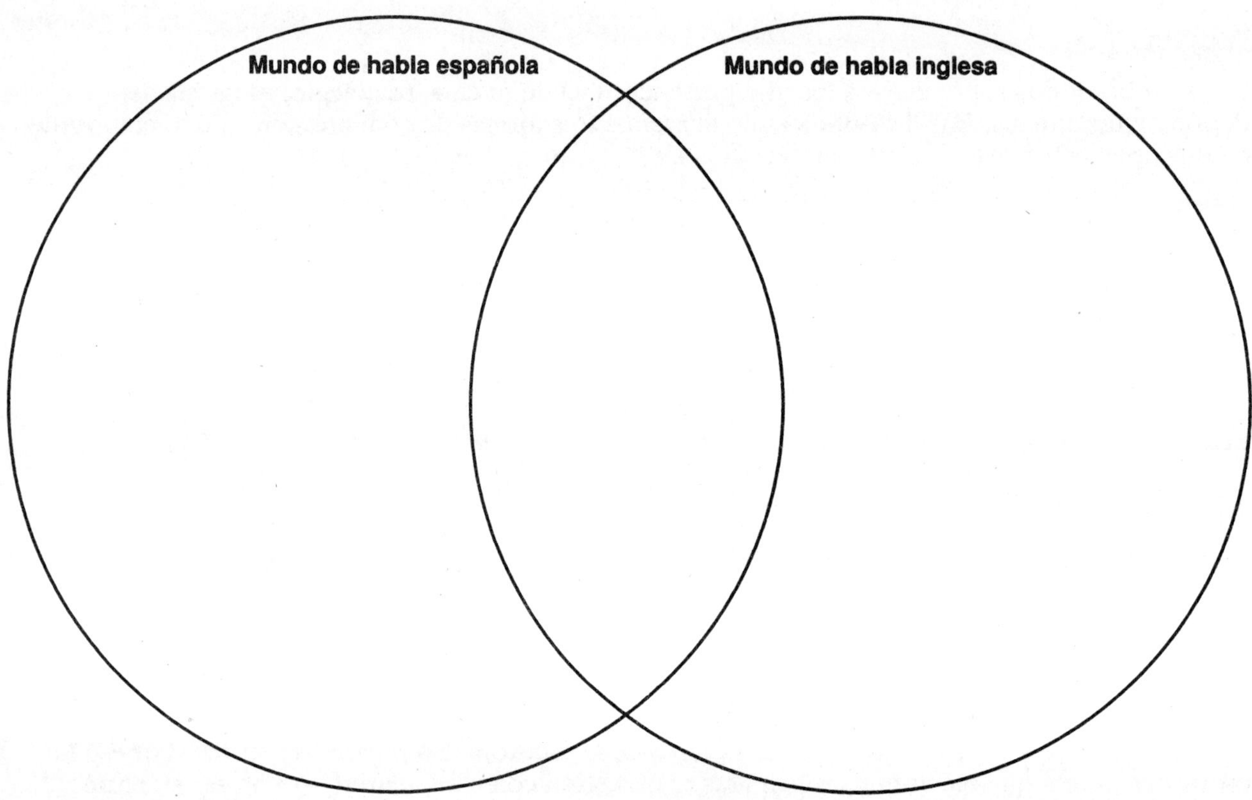

1. ¿Qué palabra o palabras crees que revelan más claramente cómo se siente la escritora sobre su situación? Explícalo.

____

____

____

2. Si le pudieras contestar, ¿qué le dirías? ¿Por qué?

____

____

____

El camino no emprendido

Robert Frost

Conexiones

«Ojalá... »
«Ojalá hubiera nacido genio. O increíblemente bello. O con un talento increíble, o rico. O hubiera tomado esta decisión en vez de ésa. O hubiera ido a otra escuela. Entonces mi vida hubiera sido diferente».

Notas

Piensa en un momento en que tu vida (o la vida de otra persona) tomó otro rumbo. Mudarse a otro lugar, conocer a una persona especial, aprender un nuevo deporte, cambiar de parecer sobre algo, recibir ayuda de alguien en el momento propicio. Vuelve a ese preciso momento, y supónte que nunca sucedió. Toma notas sobre cómo imaginas que habría cambiado tu vida si ese cambio de rumbo no hubiera sucedido.

Guarda estas notas. Para preguntas y actividades sobre este poema, ver página 604–605.

Elementos de literatura

Ironía verbal
La **ironía verbal** es el contraste entre lo que dice un orador o escritor y lo que realmente quiere decir. La ironía verbal puede abarcar desde la sutileza al sarcasmo. Robert Frost es un maestro en el arte de los usos sutiles de la ironía. Quizá por eso puso el título de «El camino no emprendido» a este poema engañoso. Léelo varias veces, e intenta imaginar cuál es exactamente la postura de Frost respecto a la vida y a las decisiones que tomamos.

> **L**a **ironía** es el contraste entre expectativas y realidad. En la **ironía verbal**, el escritor u orador dice una cosa pero lo que significa es otra muy distinta.
>
> *Para más detalles sobre* Irony *(Ironía), ver páginas 212–213 y el Manual de términos literarios.*
>
> *Para una biografía de Robert Frost, ver página 540.*

Cuando el orador llega a un sendero bifurcado en un bosque, duda sobre cuál camino tomar, ya que los dos parecen apropiados. Después de una larga consideración, elige el camino menos transitado. Al reflexionar sobre su decisión se da cuenta de que algún día esa elección habrá cambiado toda su vida.

El camino no emprendido

Robert Frost   **Edición del alumno, página 601**

«Ojalá...»

El orador en el poema de Frost parece debatir consigo mismo sobre cuál sendero tomar y sus razones para hacerlo. En el sendero A que ves abajo describe las razones del orador para su decisión, usando palabras, símbolos, dibujos o una combinación de los tres. Después, en el B, analiza sus sentimientos sobre su decisión.

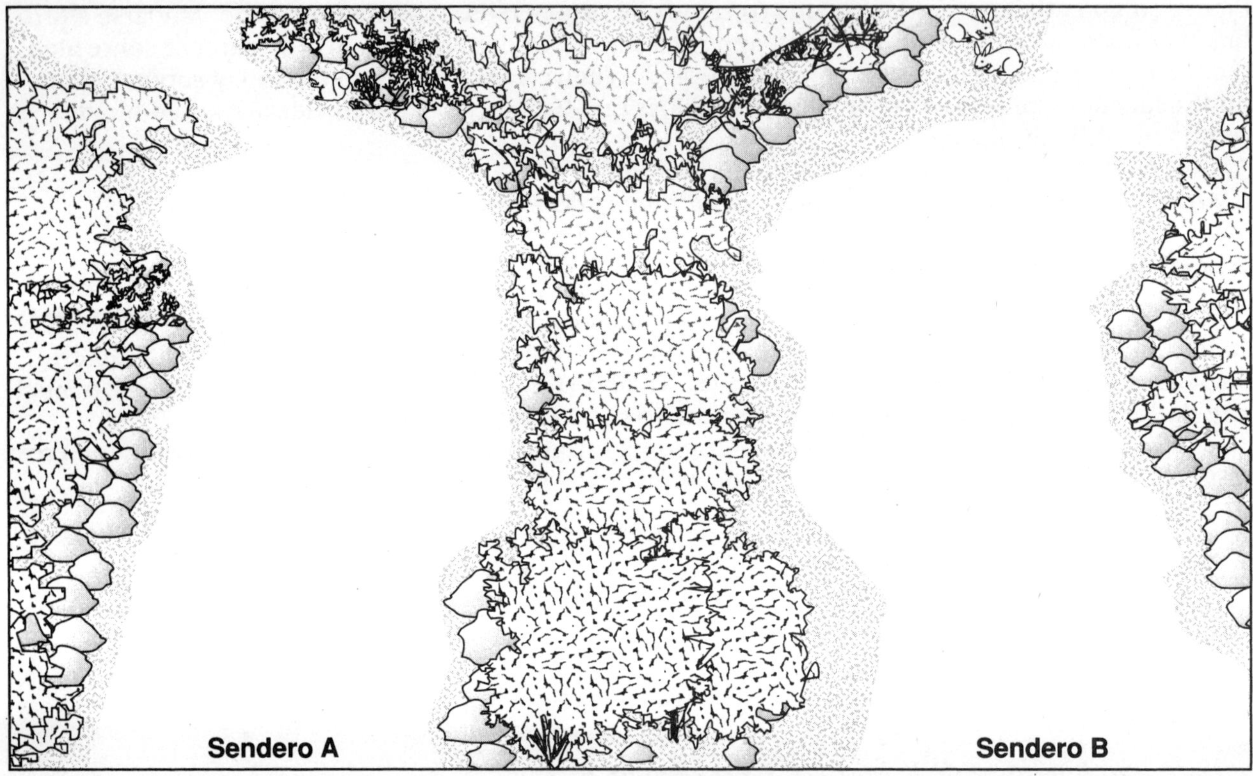

1. ¿Qué factor o factores le influyeron al orador para elegir una alternativa sobre otra?

____

____

____

2. Piensa en un «camino no emprendido» en tu vida. Tus razones o sentimientos para no haberlo hecho, ¿son similares a los del orador? Explícalo.

____

____

____

____

La hacedora de milagros

William Gibson

Conexiones

«¡Ella no puede ver!... ¡Ella no puede oír!... »
Cierra los ojos durante unos minutos. ¿Qué puedes contar sobre lo que pasa a tu alrededor? Ahora, con los ojos todavía cerrados, tápate los oídos. Concéntrate en el murmullo que parece venir de dentro de tu cabeza. ¿Qué puedes contar sobre lo que pasa a tu alrededor? Finalmente, considera todo lo que percibimos a través de los sentidos de la vista y del oído. ¿Puedes imaginar lo que sería vivir sin vista ni oído desde la infancia?

Notas

Antes de leer la obra teatral, tómate unos minutos para anotar tus ideas sobre cómo podría ser una niña que vive en un mundo de oscuridad y silencio desde que era bebé.

Destrezas y estrategias de la lectura

Cómo leer una obra teatral

Un dramaturgo cuenta una historia dejándonos ver y escuchar lo que los protagonistas dicen y hacen. Las obras de teatro no están pensadas para ser leídas, sino para ser representadas ante el público. El diálogo, es decir, las palabras que los protagonistas pronuncian, nos da las mejores pistas para conocer a los personajes, cómo son y cómo piensan. Las acotaciones de escena (descripciones del escenario; y de la apariencia, personalidad, pensamientos y movimientos de los personajes) nos brindan otros importantes datos.

Las indicaciones escénicas se usan para ayudarnos a entender lo que sienten los personajes. En las obras escritas para la escena, las acotaciones generalmente figuran en letra cursiva y entre paréntesis o corchetes. Muchas veces van a continuación del nombre del personaje: **Walter** *(tenso)*. Otras veces, aparecen como textos del tamaño de un párrafo, entre los diálogos de los personajes.

Usamos la imaginación para ver importantes acciones que se desarrollan en el escenario. En el escenario hay dos tipos de movimientos: actividad y acción. La **actividad** es cualquier movimiento: coger una taza, cerrar una puerta. La **acción** es una actividad de significado dramático. La acción es lo que hace que la obra avance o que profundice en lo que sabemos de un personaje. Por ejemplo, las indicaciones escénicas pueden decir: *«Clara cierra la puerta»*. Tenemos que leer atentamente e imaginar que está sucediendo en escena: ¿Qué significa que Clara cierra la puerta, sólo la actividad de hacerlo o implica algo más? ¿O es una actividad de contenido dramático, significando que Clara ha roto su relación con Ken? Cuando leas *La hacedora de milagros*, tienes que prestar especial atención a las acotaciones de escena. Léelas atentamente y trata de visualizar lo que sucede. Parte de la acción de la obra es más importante que el diálogo.

Nos damos cuenta de cambios de estado de ánimo en el ambiente del escenario. Cuando una acotación dice: *«Se oscurece la habitación»*, tienes que visualizar que la habitación se está quedando a oscuras. Tienes que imaginarte cómo se ve el decorado. Tienes que sentir el cambio de ambiente. Cuando lees una obra de teatro con la imaginación, es como si tú mismo la pusieras en escena para tí. Ves y oyes todo lo que sucede, igual que si estuvieras sentado en un teatro de Broadway.

Antecedentes

La obra teatral *La hacedora de milagros* de William Gibson, que es una historia verídica, está basada en los años de infancia de Helen Keller, que quedó ciega y sorda de bebé, y de su maestra Annie Sullivan. La obra fue presentada por primera vez en 1957 en un programa de televisión de la cadena CBS llamado *Playhouse 90*.

Posteriormente Gibson amplió su guión de televisión, creando la obra teatral que consideramos aquí y que se estrenó en Broadway el 10 de octubre de 1959. Esta obra retiene la fluidez de su formato original para la televisión: breves escenas de gran dramatismo se suceden una a otra, cada una desarrollando conflictos y crisis y decisiones que hacen avanzar el argumento a la escena siguiente.

Nota particularmente la impresionante escena inicial, que prueba el formato original para la televisión de la obra. Uno de los principios de escribir para la televisión es que el escritor debe captar inmediatamente la atención de los televidentes, o de lo contrario sintonizarán otro canal. En este caso nos vemos atraídos de inmediato por la crisis en la familia. La obra nos sumerge de golpe en una situación deseperada con las líneas: «¡Ella no puede ver!… ¡No te puede *oír!*».

Debido a que esta obra trata de una protagonista que no puede hablar ni oír, gran parte de la acción debe ser desarrollada mediante actividad, que está detallada en las largas indicaciones escénicas. Cualquiera que lea lo que Annie y Helen deben hacer sobre el escenario no se debería sorprender de saber que las actrices que desempeñaban esos papeles los encontraban físicamente agotadores. Durante la producción en Broadway las actrices en los papeles de Annie y Helen usaban acolchados debajo de sus vestimentas, para protegerse de los golpes que se daban mutamente en escena.

Durante toda la obra Annie escucha voces de su pasado. En la producción escénica estas voces fueron grabadas y amplificadas. Altoparlantes instalados en las paredes laterales de la sala de teatro proyectaban las voces con un eco que parecía de otro mundo. El resultado era que el público escuchaba las voces y sus ecos en la misma forma en que Annie los escuchaba.

La hacedora de milagros también fue llevada al cine y ganó varios premios Oscar de la Academia. En una nueva versión de la obra para la televisión, la actriz Patty Duke, que había interpretado a Helen tanto en escena como en la versión cinematográfica, hizo el papel de Annie Sullivan.

RESUMEN

La hacedora de milagros tiene lugar en Alabama en la década de 1880 y presenta una historia verídica sobre las semanas iniciales en la relación entre Helen Keller, una niña de seis años que quedó ciega y sorda tras una enfermedad que sufrió en la infancia, y Annie Sullivan, de veintiún años, recién graduada del Instituto Perkins para ciegos, en Boston. En su lucha por asegurar el futuro de Helen estimulando su inteligencia a través del lenguaje, Annie hace las paces con su propio angustioso pasado y aprende a volver a amar. Mira también los resúmenes de cada acto.

RESUMEN

Primer acto. La obra empieza con una breve escena en que los Keller descubren que una enfermedad ha dejado a su hijita Helen incapacitada para ver y oír. La segunda escena se desarrolla cinco años después. La discapacitación de Helen pone en peligro su seguridad física y la de otros. Los Keller, desalentados por el fracaso de los médicos en ayudar a su hija y por su propia incapacidad para controlarla, contratan a Annie como tutora. La madre de Helen se convierte en aliada de Sullivan, pero tanto el padre, que no confía en ella porque es norteña, como James, hermanastro de Helen, cuestionan todo cuanto hace la recién llegada. La misma Helen demuestra lo testaruda e ingobernable que es. Annie intenta que Helen conozca el lenguaje, trazándole todas las letras de las palabras en la palma de la mano. Cuando Helen encierra a su nueva profesora en una habitación y esconde la llave, Annie aprende a respetar la inteligencia y férrea voluntad de Helen.

REVISIÓN, P. 660

a. La obra comienza con una crisis. ¿Qué nos dice la primera escena?

b. ¿Qué indican las **acciones** de Helen en la segunda escena sobre sus deseos?

c. Para el final de la tercera escena, ¿qué decisiones se han tomado respecto a Helen? ¿Qué **acción** se va a adoptar?

d. En las escenas 6 y 7, cuando los Keller conocen a Annie, la tensión aumenta. ¿Cómo responde cada miembro de ese ya complicado hogar a la llegada de un miembro más?

e. Puedes ver cómo se desarrollan **conflictos** entre Annie y Helen, y entre Annie y los Keller. ¿Qué pistas te hacen pensar sobre un nuevo conflicto entre James y su padre?

La hacedora de milagros, Primer acto

William Gibson   **Edición del alumno, página 632**

La trabajadora y el milagro

En el primer acto, Helen y Annie se presentan al público a través de su comportamiento y de sus interacciones, entre ellas y con los demás personajes. Sin embargo, desde el principio estos dos personajes están enfrentados entre sí y hacen que parezca imposible que ocurra un milagro. En el cuadro de abajo, describe las características y personalidades de Helen y Annie, y pronostica los posibles conflictos que puedan surgir posteriormente. A continuación, encontrarás varios ejemplos.

Características y personalidad de Helen	Características y personalidad de Annie
temperamental, astuta	impaciente, testaruda

Posibles conflictos que prevés entre Helen y Annie en los actos segundo y tercero:

Annie se desesperará cada vez más ante la rebeldía de Helen;

1. ¿Qué clase de milagro ayudaría a estos dos personajes?

____

____

____

2. En el conjunto de esta obra, además de Helen, ¿qué personajes necesitan un milagro? ¿A quién afectaría más? Explica tu respuesta.

____

____

____

RESUMEN

Segundo acto. Al ver cómo la familia «controla» a Helen, apaciguándola con caramelos, Annie se da cuenta de la imposibilidad de enseñarle el idioma a Helen si antes no aprende obediencia. Annie se opone a los Keller por la forma en que Helen se comporta a la hora de comer. Ni qué decir tiene que Annie y Helen también pelean física y emocionalmente. Tras una batalla campal, Helen utiliza su cuchara para comer de su propio plato, y hasta dobla la servilleta. Annie se retira exhausta a su habitación, está a punto de abandonar a Helen y a los Keller. En ese momento oye voces de su pasado, incluso la triste voz de Jimmie, su hermano muerto. Decide darle a Helen otra oportunidad. Finalmente, los Keller aceptan la propuesta de Annie, de pasar dos semanas sola con Helen, en la casa del jardín. Al principio Helen se muestra hostil y aterrorizada, pero finalmente permite que Annie la toque y está dispuesta a aprender: «en una palabra, de todo».

REVISIÓN, P. 686

a. Según la carta de Annie y su conversación con Kate Keller en la escena 1, ¿qué se debe hacer para ayudarle a Helen?

b. En contraste, ¿qué acciones durante el desayuno en la escena 2 indican la forma en que los Keller tratan a su hija?

c. ¿Cuál es la meta de Annie en su lucha con Helen en la escena 3?

d. Los **cambios de situación** son parte importante de una obre dramática. Creemos que algo va bien, y de repente va mal, o algo va mal y de repente va bien. Cuando Annie hace la maleta en la escena 5, ¿qué parece que va a hacer? ¿Cuál es realmente su intención?

e. ¿A qué acuerdo se ha llegado entre Annie y los Keller al final del segundo acto?

ORGANIZADOR GRÁFICO PARA LA LECTURA ACTIVA, P. 62

La hacedora de milagros, Segundo acto

William Gibson **Edición del alumno, página 662**

Palabras reveladoras

En el segundo acto, conociste más detalles sobre las relaciones entre los personajes. Cada una de las citas de abajo destaca uno de los principales conflictos de «La hacedora de milagros». Has identificado a los personajes involucrados en cada conflicto, por ejemplo, *«Annie contra Helen»*. En el cuadro de abajo, explica el conflicto que revela cada cita.

Personajes / Cita	Conflicto
Annie contra Helen **Annie.** «Pero, debo, insistir, en, una, obediencia, razonable, desde el principio…» (p. 662)	
Annie contra el capitán Keller **Annie.** «¡No puedo *desenseñarle* a Helen seis años de sentir lástima si usted ni siquiera puede enfrentarse a una rabieta! Un hombre testarudo, ciertamente». (p. 668)	
Kate contra Annie **Kate.** «Dobló su servilleta. Ella aprende, aprende, ¿sabía que empezó a hablar cuando tenía seis meses?» (p. 677)	
El capitán Keller contra James Keller **Capitán Keller.** «No me aguanta, podría creer que lo trato de forma tan dura como esta muchacha trata a Helen…» (p. 682)	

1. Elige uno de los conflictos y escribe lo que pienses sobre los personajes involucrados.

____

____

____

____

2. ¿Cuál de estos dos personajes crees que tiene más probabilidades de salirse con la suya? ¿Por qué?

____

____

____

From *The Miracle Worker* by William Gibson. Published by Scribner, New York, 1956.

RESUMEN

Tercer acto. Al terminar el plazo estipulado de las dos semanas, Helen es ordenada y obediente, pero sigue sin poder comunicarse mediante el lenguaje. Durante su primera cena de regreso a casa, Helen deliberadamente se porta mal; cuando Annie trata de controlarla, le arroja agua de una jarra y la deja empapada. Cuando Annie y Helen vuelven a llenar la jarra con la bomba de agua, Annie deletrea *agua* en la palma de la mano de Helen, y se produce el «milagro»: Helen entiende que todo tiene un nombre. Al final de la obra, James le ha hecho frente a Keller; Annie y Helen se expresan su cariño, y Annie deja atrás las voces de su pasado.

REVISIÓN, P. 707

a. Las dos semanas se han cumplido. (Fijar un plazo a las cosas siempre es una buena forma de aumentar la tensión.) ¿Qué **cambio** sorprendente vemos en la conducta de Helen cuando aparece en la escena 1?

b. En la escena 3, ¿qué sorprendente **cambio de situación** observamos en el comportamiento de Helen en la mesa del comedor?

c. ¿Cómo revela ahora James un importante **cambio** en su carácter?

d. La obra alcanza el **clímax** en el episodio de la bomba de agua, una de las escenas más conmovedoras de la historia del teatro. Nos han dejado pensar que Helen ha llegado a lo máximo que ha podido, que eso es bueno, pero aún así es una derrota para Annie *y* para Helen. Explica lo que Helen aprende en la bomba de agua.

e. ¿En qué momento del segundo acto el dramaturgo introduce la palabra *aua* para que sólo su simple exclamación pueda poner el broche de oro en esta escena final?

La hacedora de milagros, Tercer acto

William Gibson   **Edición del alumno, página 688**

Pronosticar el futuro

Antes de leer el acto final, piensa sobre los protagonistas. ¿Cómo han cambiado? ¿Con quiénes están en conflicto? Utiliza el cuadro de abajo para resumir la posición de cada protagonista al final del Segundo acto y para pronosticar qué ocurrirá en el Tercer acto. La primera fila del cuadro figura completa como ejemplo.

Personaje	Vigente. Final del Segundo acto	Predicción(es) sobre el Tercer acto
James	Sigue en conflicto con su padre.	Se las arreglará de alguna forma para lograr la confianza de su padre.
Annie		
Helen		
Kate		
Capitán Keller		

1. Elige dos de tus predicciones, y explica por qué crees que son probables.

____

____

____

Después de la lectura

2. Revisa ahora tus predicciones. Elige dos, y explica si se confirmaron o no en la lectura del tercer acto. De no ser así, ¿cómo las cambiarías?

____

____

____

La tragedia de Romeo y Julieta

William Shakespeare

Conexiones

«Los jóvenes de hoy...»

«¡Los jóvenes de hoy en día! Creen que el amor lo puede todo, que lo único que importa es lo que sienten el uno por el otro. No tienen ningún sentido de responsabilidad hacia sus familias, no respetan la tradición, no tienen ninguna consideración por quienes son mayores y saben más. No saben los problemas a los que se van a enfrentar, que todo el amor del mundo no se los podrá resolver».

Notas

¿Qué piensas de esta queja? ¿Has oído decir estas cosas a personas mayores sobre los jóvenes de hoy? ¿Cómo respondería uno de los «jóvenes» al interlocutor? Escribe una breve respuesta, desde el punto de vista de los jóvenes.

Un trágico modelo: cómo se construye la obra

Una **tragedia** es una narrativa sobre acciones serias e importantes que acaban mal. Generalmente, una tragedia termina con la muerte de sus protagonistas. En algunas, el desastre afecta a víctimas inocentes, en otras los protagonistas principales son de alguna forma responsables de su propia caída. Las tragedias de Shakespeare generalmente siguen este modelo de cinco partes:

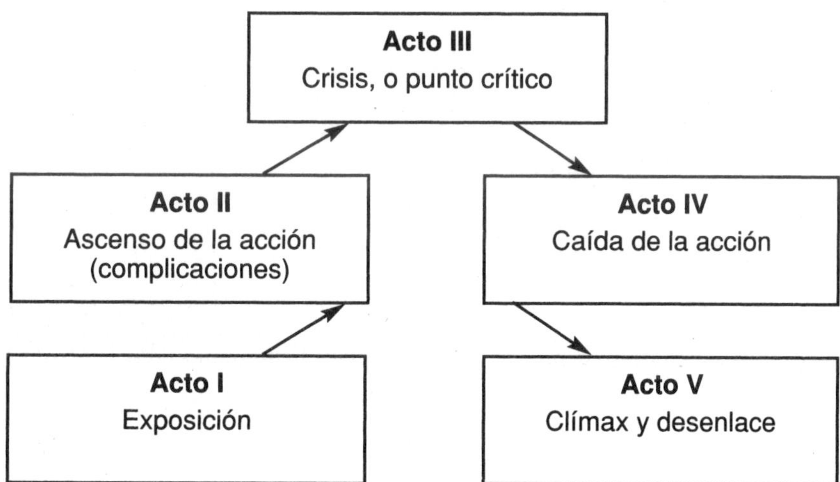

1. La **exposición** establece la escena, introduce algunos de los personajes principales, explica los antecedentes e introduce el conflicto principal.
2. El **ascenso de la acción** consiste en una serie de complicaciones. Éstas suceden mientras los protagonistas toman medidas para resolver sus problemas.
3. La **crisis** o **punto crítico** ocurre cuando una decisión de los protagonistas principales determina el curso de la acción: ascendiendo hasta un final feliz, lo que sería una **comedia**, o cayendo al abismo de la **tragedia**. Este punto crítico es el momento de tensión y dramatismo cuando se juntan las fuerzas del conflicto. Busca el punto crítico del Acto III.
4. La **caída de la acción** presenta sucesos resultantes de la decisión tomada a partir del punto crítico. Estos sucesos por lo general llevan a los protagonistas más y más profundamente al desastre; con cada suceso vemos a los protagonistas cada vez más inmersos en la tragedia.

5. Generalmente, en una tragedia el último y gran **clímax** se produce al final de la obra, con la muerte de los protagonistas principales. En la **resolución** o **desenlace** se atan los cabos sueltos de la trama. La representación ha terminado.

Antecedentes

La mayor parte de las obras teatrales de Shakespeare están basadas en historias que ya eran bien conocidas por su público. (Él nunca escribió una obra teatral sobre un tema contemporáneo.) *Romeo y Julieta* está basada en un largo poema narrativo de Arthur Brooke, publicado en 1562, bajo el título de *La trágica historia de Romeus y Julieta.* El propio poema de Brooke, que gozó de gran popularidad, se basó en cuentos italianos aún más antiguos.

Romeo, un hombre muy joven, y Julieta, una niña de casi 14 años, se enamoran a primera vista. Se ven arrastrados por un idealizado amor, apasionado y casi irreal. Están enamorados del amor. En su Prólogo, Brooke presenta una moraleja, algo que el público de su época esperaba. Dice que Romeo y Julieta tenían que morir, porque violaron las leyes y se casaron de forma imprudente, contra la voluntad de sus padres. Pero Shakespeare no quiere saber nada de moralizar al público, y presenta a la pareja como «amantes de mala estrella», que el destino condena al desastre.

Para comprender lo que «de mala estrella» significa, tienes que tomar en cuenta que la mayoría de la gente en la época de Shakespeare creía en la astrología. Creían que el rumbo de sus vidas estaba determinado en parte por la hora, el día, el mes y el año de su nacimiento: de ahí proviene eso de «la estrella» bajo cuya influencia nacieron. Pero puede que Shakespeare no haya compartido esa creencia. En una posterior obra teatral, *Julio César,* Shakespeare hace que un personaje ponga en duda esta antigua idea sobre la astrología y sobre la influencia de las estrellas:

> La culpa, querido Bruto, no está en
> nuestras estrellas,
> sino en nosotros mismos, que somos
> subordinados.

Aunque Shakespeare dice en el Prólogo que Romeo y Julieta tienen mala estrella, no los hace meras víctimas del destino. Romeo y Julieta toman decisiones que los llevan al desastre. Y lo que es más importante, otros personajes participan en los acontecimientos que desembocan en el trágico fin de la obra, ¿Qué importancia crees *tú* que tiene el destino en lo que nos sucede? ¿En qué grado crees que nosotros controlamos nuestro destino?

Una lista de vocablos

Shakespeare escribió esta obra hace alrededor de cuatrocientos años. No resulta sorprendente, entonces, que muchas palabras resulten ahora **arcaicas,** lo que significa que ya las palabras mismas o su significado concreto han desaparecido del uso común. Las notas al margen en el texto de la obra te ayudarán con estas palabras arcaicas, y con otras palabras o expresiones que te puedan resultar poco conocidas. A continuación, algunas de las palabras arcaicas utilizadas repetidamente en el texto de la obra:

Inglés arcaico	Español moderno
'a:	él.
a':	sobre.
an' o **and:**	si.
Anon!	¡Pronto!, ¡En seguida!, ¡Ya vengo!
but:	si, o sólo.
Good-den o **go-den** o **God-den:**	Buenas tardes (en las últimas horas de la tarde).
hap ó happy:	suerte, o afortunado.
humor:	estado de ánimo o humedad.
Jack:	un tipo común, un hombre ordinario.
maid:	una joven soltera.
mark:	escucha, escuchar.
Marry!:	imprecación superficial, abreviatura de «¡By the Virgin Mary!» (Por la Virgen María).
nice:	trivial, tonto.
owes:	posee.
shrift:	confesión o perdón de pecados que han sido confesados a un sacerdote. Tras la confesión se decía que la persona había sido **absuelta**.
Soft!:	¡Silencio!, ¡Chito!, ¡Frena!
Stay!:	¡Espera!
withal:	con eso, con.
wot:	sabe.

RESUMEN

El prólogo. El coro, representado por un solo actor, resume brevemente la trama de la obra. La historia tiene lugar en Verona, Italia. Las recientes luchas entre dos familias rivales de la nobleza condenan al desastre a dos jóvenes enamorados, los primogénitos de cada una de esas familias. El desarrollo del amor «marcado con la muerte de ambos» es el tema central de la obra. Su clímax es sus muertes prematuras, que acabarán con la enemistad de sus familias.

Primer acto, escena 1. En una calle de Verona, Sansón y Gregorio, sirvientes de la familia Capuleto, provocan una pelea con dos de los Montesco, Baltasar y Abram. Benvolio, pariente de los Montesco y amigo de Romeo, entra en escena y para la pelea; pero cuando Tibaldo, pariente de los Capuleto, entra en escena e insulta a Benvolio, se produce una batalla campal. Un policía y varios ciudadanos logran interrumpirla. Seguidamente entran el caballero Capuleto y su dama, y el caballero Montesco y su dama, y los dos hombres intercambian duras palabras. Entra el príncipe Escalo y les advierte que de continuar las peleas se impondrá la pena de muerte, y dispersa a la muchedumbre.

Solos en el escenario, los Montesco y Benvolio comentan el reciente raro comportamiento de Romeo. Después que los Montesco se retiran, entra Romeo y le confiesa a Benvolio que está enamorado de una joven, Rosalina, quien ha jurado mantenerse casta de por vida. Benvolio le aconseja que se olvide de ella y que busque otra, pero Romeo le dice que las demás lo único que hacen es recordarle a su amada.

Destrezas y estrategias de la lectura (p. 740)

La poesía

Lo que haya sido que Shakespeare aprendió sobre retórica o lenguaje en la escuela primaria, lo presenta con particular deleite en *Romeo y Julieta*. Evidentemente, se divierte mucho al incluir juegos de palabras, retruécanos y muchas otras variaciones a las que puede recurrir en el idioma inglés.

Romeo y Julieta está escrita tanto en prosa como en verso. La prosa, en su mayor parte, está en boca de la gente común y de tanto en tanto la de Mercucio, cuando bromea. La mayoría de los otros personajes hablan en verso.

Verso blanco. La poesía está escrita en su mayor parte en pentrámetro yámbico no rimado. En el **metro yámbico** cada sílaba no acentuada es seguida por una sílaba acentuada, como la palabra en inglés *prefér* (o en español la palabra *prevér*). En el **pentámetro yámbico** hay cinco de estas unidades yámbicas en cada verso. El pentámetro yámbico no rimado es denominado **verso blanco**. La palabra *blanco* sólo significa que al final de los versos no hay rima.

Lee en voz alta este ejemplo perfecto de pentámetro yámbico, expresado por Romeo. Las sílabas acentuadas deben ser enfatizadas.

> But soft! What light through yónder window breaks?
> (Pero ¡silencio! ¿Qué luz por esa ventana se asoma?)

Pareados. Cuando Shakespeare usa rimas por lo general usa **pareados**, es decir, dos versos consecutivos que riman. Los pareados a menudo son señal de que un personaje sale de escena, o del final de una escena. Lee en voz alta la línea de Julieta cuando sale de escena.

> Good night, good night! Parting is such sweet sorrow
> That I shall say good night till it be morrow.
> (¡Buenas noches, buenas noches! Separarnos es una pena tan dulce
> que diré buenas noches hasta que llegue el amanecer.)

Leyendo los versos. Todos hemos escuchado cuando alguien echa a perder un buen poema al hacer una pausa mecánicamente al final de cada verso, ya sea que el significado del verso requiriera esa pausa o no. (Maxwell Anderson, que escribió obras teatrales en verso, hacía que sus libretos fueran escritos a máquina como si fueran en prosa, de modo que los actores no se sintieran tentados a hacer una pausa al final de cada verso. Considera usar esta técnica cuando presentes una escena para el taller del Hablar y Escuchar en la página 864.)

Los versos en la poesía son o frases que se detienen al final de cada línea o líneas que continúan. **Una frase que se detiene al final de la línea** lleva algún signo de puntuación en ese lugar. **Una línea que continúa** no lleva signo de puntuación en su extremo. En una línea que continúa, el significado se completa siempre con la línea o las líneas que siguen.

Trata de leer en voz alta este pasaje del segundo acto, escena 2, donde Julieta pronuncia frases que cesan al final de cada línea, es decir, líneas que terminan con puntuaciones que requieren que haga una pausa:

> O, Romeo, Romeo! Wherefore art thou Romeo?
> Deny thy father and refuse thy name;
> Or, if thou wilt not, be but sworn my love,
> And I'll no longer be a Capulet.
> (¡Oh, Romeo, Romeo! ¿Por qué eres Romeo?
> Niega a tu padre y rechaza tu nombre;
> o, si así no lo quieres, sé apenas mi fiel amor,
> y yo ya no seré más una Capuleto.)

Pero el parlamento de Romeo en la misma escena tiene muchas versos que continúan. Lee esas versos en voz alta; ¿dónde hace pausas Romeo?

> The brightness of her cheek would shame those stars
> As daylight doth a lamp; her eyes in heaven

Would through the airy region stream so bright
That birds would sing and think it were not night.
(El resplandor de sus mejillas avergonzaría a esas estrellas
así como la luz del día a una lámpara; sus ojos en el cielo
atravesarían esa región etérea con tanto brillo
que los pájaros trinarían, creyendo que no era de noche.)

La gloria de *Romeo y Julieta* es su poesía y su teatralidad. La acción se desarrolla con ritmo rápido, y la poesía se adecúa a la historia de dos personas jóvenes que se enfrentan a una cuestión de tremenda importacia para ellos: un apasionado amor que sólo se da una vez en la vida.

RESUMEN

Primer acto, escena 2. El conde Paris le pide permiso al caballero Capuleto para casarse con su hija, Julieta. Capuleto vacila, porque piensa que su hija, que todavía no ha cumplido los catorce años, es demasiado joven para el matrimonio. Pero al final cede, y le aconseja a Paris que debe ganar su corazón, ya que Julieta tiene cierto grado de libertad a la hora de escoger con quien casarse. Capuleto invita a Paris a la fiesta que dará esa noche. Le entrega a su criado la lista de las personas invitadas a la fiesta. Salen Capuleto y Paris. El criado, analfabeto, está totalmente desorientado, y cuando Romeo y Benvolio entran les pide ayuda. Romeo lee la lista y descubre que Rosalina, sobrina de los Capuleto, está invitada. Benvolio, con la esperanza de que su amigo se enamore de otra, le convence de que se «cuelen» en la fiesta.

RESUMEN

Primer acto, escena 3. La dama Capuleto le pide a la nodriza de Julieta que la llame, tras lo cual ella entra en escena. La forma en que le habla a su madre denota que es sumisa y obediente. La nodriza charla animadamente con Julieta contándole una historia de cuando la joven era niña. La dama Capuleto le dice que se calle, y le cuenta a Julieta el ofrecimiento de matrimonio de Paris, pidiéndole que lo considere. Tanto la madre como la nodriza ensalzan la apariencia de Paris, y Julieta accede a cumplir con la petición de su madre.

RESUMEN

Primer acto, escena 4. Romeo, Benvolio y el amigo de ambos, Mercucio, se colocan máscaras para ir a la fiesta de los Capuleto. Romeo sigue enfermo de amor, y le dice a sus amigos que un sueño le trajo malos presagios sobre la fiesta. Mercucio trata de hacerle olvidar sus preocupaciones, y le cuenta con gracia lo que pasa cuando una persona sueña. Con imaginación describe a la reina Mab, el hada que controla el mundo de los sueños. Romeo reprende a su amigo por hablar sin decir nada, pero Mercucio insiste en que los sueños no están relacionados con la realidad. Romeo, que presiente su «muerte prematura», discrepa, pero decide enfrentar el destino sea cual sea, y va a la fiesta con sus amigos.

RESUMEN

Primer acto, escena 5. Entran tres sirvientes charlando entre ellos mientras hacen los preparativos de la fiesta de los Capuleto. El caballero Capuleto saluda alegremente a sus invitados, da la bienvenida a los enmascarados y recuerda su juventud. Romeo ve a Julieta, y se enamora de ella a primera vista. Aunque quiere obtener datos sobre ella, no consigue conocer su identidad. Tibaldo reconoce la voz de su enemigo, y se prepara para pelear. Sin embargo, Capuleto lo contiene y elogia los buenos modales de Romeo. Tibaldo obedece a su tío, pero jura venganza. Romeo le confiesa su amor a Julieta; el diálogo entre ambos forma un soneto, utilizando imágenes religiosas para expresar la apasionada devoción entre enamorados. Se besan, pero son separados por la nodriza, quien le dice a Julieta que su madre la reclama. Romeo se entera por la nodriza de que Julieta es la hija del caballero Capuleto, lamenta su mala fortuna y se marcha con sus amigos. Julieta le pregunta a la nodriza sobre la identidad de Romeo; al descubrir que es un Montesco, también llora su mala fortuna en el amor.

REVISIÓN, P. 762

a. ¿Qué nos dice el Prólogo que acabará con la enemistad entre las familias de Romeo y Julieta?
b. ¿Quién es Tibaldo? y, ¿por qué es peligroso?
c. ¿Qué advertencia da el príncipe a los alborotadores callejeros en la escena 1?
d. En la escena 4, ¿cómo pretende Mercucio sacar a Romeo de su depresión?
e. ¿Dónde se conocen Romeo y Julieta?

ORGANIZADOR GRÁFICO PARA LA LECTURA ACTIVA, P. 64

La tragedia de Romeo y Julieta, Primer acto

William Shakespeare   **Edición del alumno, página 732**

Los jóvenes de hoy...

La frase «brecha generacional» no se acuñó hasta este siglo, pero la situación que describe es eterna. Usa las flechas de abajo para analizar tus pensamientos sobre las diferencias entre lo que quieren los padres para (o esperan de) sus hijos y lo que éstos quieren.

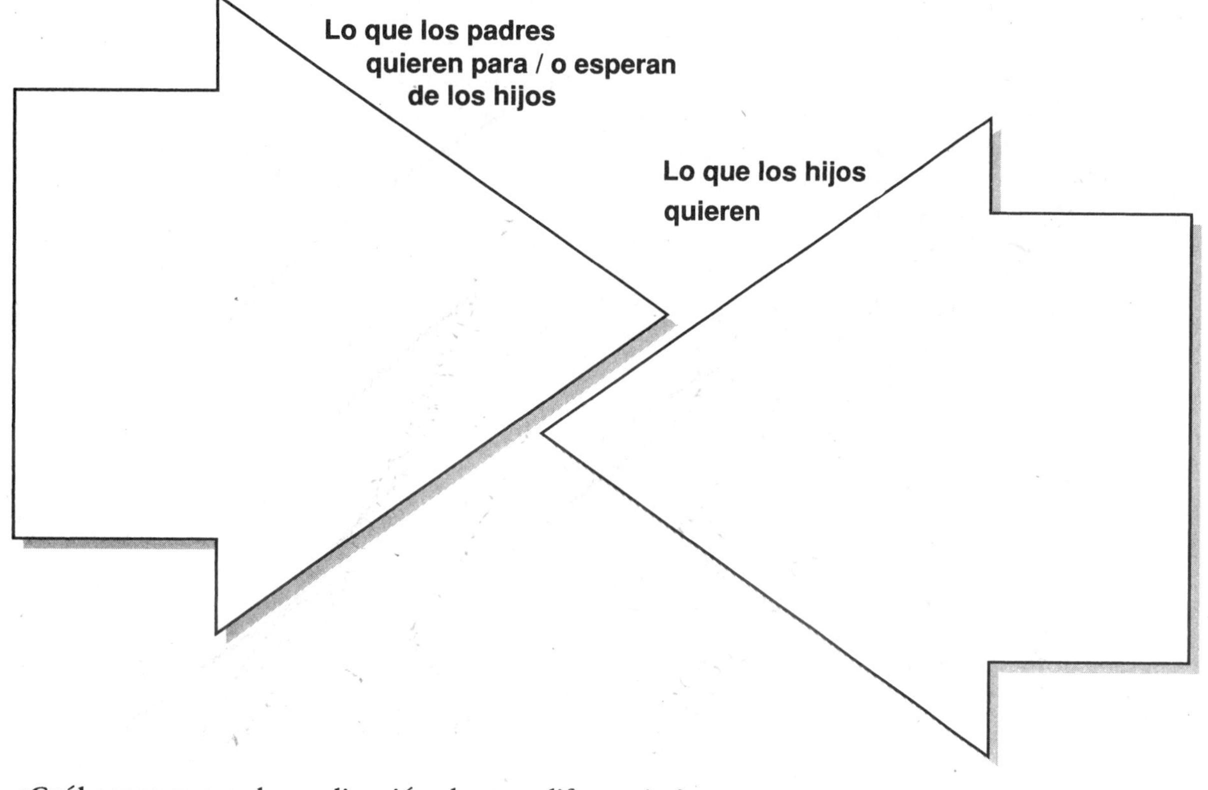

1. ¿Cuál crees que es la explicación de esas diferencias? _______________________

____

____

____

Después de la lectura

2. Cuáles son algunas de las diferencias básicas en cuanto a valores y preocupaciones entre la generación de Romeo y Julieta y la de sus padres?

____

____

____

____

RESUMEN

Segundo acto, coro. El coro resume el dilema entre los jóvenes enamorados: Romeo, curado de su amor por Rosalina, ahora está enamorado de alguien que también es inalcanzable. Sin embargo, tal es el amor de la joven pareja que es seguro que encontrarán una forma de volver a encontrarse.

Segundo acto, escena 1. Romeo se escapa de sus amigos y entra en el huerto de los Capuleto. Mercucio lo llama, bromeando, invocando a figuras del amor como Venus y Cupido. Al no responder Romeo, Mercucio y Benvolio se marchan, creyendo que su amigo todavía está deprimido por su amor por Rosalina y que prefiere la soledad.

RESUMEN

Segundo acto, escena 2. Romeo vislumbra a Julieta por la ventana de su habitación. Emocionado, pronuncia un monólogo alabando su belleza. Sin percatarse de su presencia, Julieta empieza a hablar de su amor por él y de lo poco que le importa la enemistad que mantiene separadas a sus familias. Romeo sale de la penumbra, y Julieta reconoce su voz. Sabiendo el peligro que corre Romeo, le pregunta el motivo de su presencia. Romeo le dice que prefiere estar muerto a que le sea negada la presencia de su amor. Julieta teme que Romeo creerá que su amor no es verdadero por declararlo de una forma tan apresurada. Romeo empieza a jurar su amor, pero Julieta lo calla, temerosa de su intensidad. Al escuchar que la llama su nodriza, se retira, no sin antes decirle a Romeo que espere. Cuando reaparece en la ventana le dice a Romeo que si realmente la quiere se casarán. Julieta dice que al día siguiente le enviará un mensajero, que concertará el lugar y el momento de la boda. La nodriza vuelve a llamar, Julieta se va, pero aparece en la ventana una vez más. Los enamorados no quieren separarse, pero deben hacerlo.

RESUMEN

Segundo acto, escena 3. Temprano al día siguiente, Romeo visita a su guía espiritual, fray Lorenzo, quien está en su jardín contemplando la naturaleza. En un soliloquio, dice que todas las creaciones de la naturaleza son beneficiosas si son utilizadas en forma apropiada, pero en caso contrario el resultado puede ser mortal. El hombre, como la naturaleza, también puede ser bondadoso o maligno. Romeo lo saluda, y el fraile percibe que algo no marcha bien, o de otro modo este joven no habría salido tan de mañana. Romeo le cuenta su amor por Julieta, y le pide que realice la ceremonia de su boda. El fraile le reprende por su volubilidad, pero accede a casarlos, creyendo que esta unión unirá a sus familias y podría acabar con su enemistad.

RESUMEN

Segundo acto, escena 4. Mercucio y Benvolio, buscando a Romeo, revelan que Tibaldo lo va a retar a un duelo. Temen que en el estado en que está su amigo, enfermo de amor, no pueda enfrentarse a Tibaldo, que es un maestro con la espada. Romeo entra en escena, y Mercucio bromea sobre su comportamiento de la noche anterior. A continuación entra la nodriza. Mercucio, sin conocer todavía la relación entre Romeo y Julieta, insulta a la nodriza, sugiriendo que ella es la alcahueta de su señora. Mercucio y Benvolio salen, y la nodriza le pregunta a Romeo si su amor es verdadero. Le asegura que así es, y le pide que le diga a Julieta que esa misma tarde vaya a la celda de fray Lorenzo, para casarse.

RESUMEN

Segundo acto, escena 5. Julieta, impaciente, espera el regreso de la nodriza. Cuando la nodriza entra, la frustración de Julieta aumenta por sus comentarios y preguntas evasivas. La nodriza, después de reprenderla por su ingratitud, le cuenta los planes de Romeo. Como Julieta tiene permiso para ir a la iglesia esa tarde, en su lugar irá a la celda de fray Lorenzo.

RESUMEN

Segundo acto, escena 6. Romeo está en la celda de fray Lorenzo. El fraile le advierte al joven que la intensidad de su amor no le llevará a nada bueno y le aconseja moderación. Cuando Julieta entra en escena, Romeo, dando muestras de su propia ineptitud verbal, le requiere que le describa la grandeza de su amor. Julieta le responde que las palabras bonitas no hacen justicia a la esencia de su amor hacia él. El fraile, asustado por la pasión de los jóvenes, se los lleva rápidamente para que se casen.

REVISIÓN, P. 788

a. ¿Qué planes hacen Romeo y Julieta en la escena 2?
b. ¿Qué falta encuentra fray Lorenzo en Romeo, en la escena 3?
c. En la escena 4 nos enteramos de que Tibaldo busca a Romeo. ¿Para qué?
d. ¿Qué piensa Mercucio de Tibaldo?
e. ¿Qué papel juega la nodriza en los planes de Romeo y Julieta?

ORGANIZADOR GRÁFICO PARA LA LECTURA ACTIVA, P. 65

La tragedia de Romeo y Julieta, Segundo acto

William Shakespeare   **Edición del alumno, página 764**

Versos de amor

Los símiles y las metáforas que Shakespeare crea en el segundo acto, escena 2 (la escena del balcón), elevan al cortejeo de Romeo y Julieta a las alturas del arte. Mientras relees la escena, escribe en el lado izquierdo del recuadro tres símiles o metáforas que usan los amantes. En el lado opuesto del recuadro describe las dos cosas que cada símil o metáfora compara.

Símil / Metáfora	Explicación
a.	a.
b.	b.
c.	c.

1. De los símiles o metáforas que indicaste arriba, ¿cuál crees que es la más romántica, es decir, la menos realista y la más idealizada? ¿Por qué?

____

____

____

2. Si Shakespeare escribiera esta escena en la actualidad, ¿qué tipos de símiles y metáforas utilizaría para describir a Romeo y Julieta enamorados?

____

____

____

____

RESUMEN

Tercer acto, escena 1. Mercucio le advierte a Benvolio que sería mejor no hacerse ver en público, ya que si se encuentran con algún Capuleto habrá una pelea. Mercucio se burla de Benvolio por este consejo, y cuando entra Tibaldo, éste lo enfrenta agresivamente. Entra Romeo, que vuelve de su boda. Tibaldo insulta a Romeo y lo reta a un duelo, pero Romeo rehúsa. Mercucio, pensando que Romeo es un cobarde, lucha en su lugar. Cuando Romeo interviene para parar la pelea, Tibaldo hiere a Mercucio y se da a la fuga. Benvolio ayuda a Mercucio a salir de escena pero vuelve, diciendo que éste ha muerto. Romeo, lamentando que su reacción «afeminada» fuera la causa de la muerte de su amigo, lucha con Tibaldo cuando éste vuelve; le da muerte y huye. Cuando llegan los Montesco, Benvolio les explica lo sucedido. El príncipe decreta que Romeo sea desterrado de Verona y que si se le encuentra en la ciudad, la pena sea de muerte.

RESUMEN

Tercer acto, escena 2. Julieta, deseosa de consumar su matrimonio, pronuncia un soliloquio en el que pide a la noche que apresure su arribo. La nodriza entra agitada y dice que alguien ha muerto. Por unos momentos Julieta cree que el muerto es Romeo. Finalmente la nodriza le dice que el muerto es Tibaldo y que Romeo, quien lo mató, ha sido desterrado. Julieta se siente apabullada por sentimientos encontrados: está furiosa contra Romeo por haber matado a su primo y feliz de que Romeo esté vivo; y al mismo tiempo, se siente culpable por haber hablado mal de él y abatida por su exilio. Julieta amenaza con matarse, pero la nodriza le reconforta diciéndole que irá a la celda del fraile y le pedirá a Romeo que esa noche venga a la habitación de Julieta, según lo planeado.

RESUMEN

Tercer acto, escena 3. En su celda, fray Lorenzo le comunica a Romeo que la sentencia del príncipe es el destierro. Romeo es presa de la desesperación. Dice que sería preferible morir. Cuando llega la nodriza, les dice que Julieta también está desesperada. Romeo, sintiéndose responsable por su congoja, intenta apuñalarse. La nodriza lo evita y fray Lorenzo concibe un plan: Romeo se irá a Mantua mientras él reconcilia a las dos familias, anuncia el matrimonio secreto y obtiene el perdón del Príncipe para Romeo, que regresa a Verona. Pero primero Romeo debe visitar a Julieta. Sin embargo, el fraile le advierte que tiene que marcharse a Mantua antes de que llegue la guardia.

RESUMEN

Tercer acto, escena 4. El caballero Capuleto le explica a Paris, que está de visita, que no es momento propicio para cortejar a Julieta porque está desconsolada por la muerte de su primo. Sin embargo, seguro de la obediencia de Julieta, le promete que su hija se casará con él. La boda se fija para el jueves, es decir, tres días después. Capuleto le pide a su esposa que vaya y le comunique la noticia a su hija y la prepare para el día de la boda.

RESUMEN

Tercer acto, escena 5. Romeo y Julieta han pasado la noche juntos. Está casi amaneciendo, y Romeo debe partir. Los amantes no quieren separase, pero entra la nodriza y le comunica a Julieta que su madre vendrá a verla. Mientras Romeo baja al jardín por la ventana, se intercambian palabras de despedida. Romeo asegura a Julieta que volverán a estar juntos, pero Julieta tiene un mal presentimiento. La señora Capuleto entra y, pensando que las lágrimas de su hija son por su primo, le dice que vengarán su muerte. Le comunica la decisión de su padre, pero Julieta se niega a casarse con Paris. El caballero Capuleto entra y se enfurece cuando le comunican la negativa de su hija. La amenaza con repudiarla si no lo obedece. Julieta le suplica a su madre que pospongan la fecha de la boda, pero ésta rehúsa. La nodriza le aconseja a Julieta que se case con Paris y se olvide del insignificante Romeo. Aturdida por esta última traición, decide no volver a confiar jamás en su nodriza. Decide visitar a fray Lorenzo para pedirle ayuda, simulando que el motivo es pedir la absolución por su pecado de desobediencia.

REVISIÓN, P. 816

a. ¿Cuál es el motivo de la pelea entre Mercucio y Tibaldo? ¿Cómo muere Mercucio?

b. ¿Por qué mata Romeo a Tibaldo?

c. Ahora los jóvenes amantes tienen serios problemas. ¿Cuál es la amenaza de Julieta en la Escena 2, después de enterarse del destierro de Romeo?

d. ¿Cómo planea el fraile ayudarles en la escena 3?

e. Al final de la escena 4 surge una nueva **complicación**. ¿Cuáles son los planes de los padres de Julieta?

La tragedia de Romeo y Julieta, Tercer acto

William Shakespeare **Edición del alumno, página 790**

No se peleen

Hoy en día, como en la época sobre la que Shakespeare escribió (incluso sobre su propia época), alguna gente no pierde tiempo para recurrir a la violencia a fin de resolver sus disputas. En el tercer acto, escena 1, el enardecido Mercucio y el impulsivo Tibaldo parecen querer crear las condiciones para poder pelear. En la escena 5, Capuleto amenaza con echar a Julieta de su hogar y desheredarla. En los recuadros de abajo resume cómo cada uno de estos conflictos queda fuera de control. Luego sugiere algunas opciones que los personajes tenían, y que podrían haber impedido que los conflictos se intensificaran.

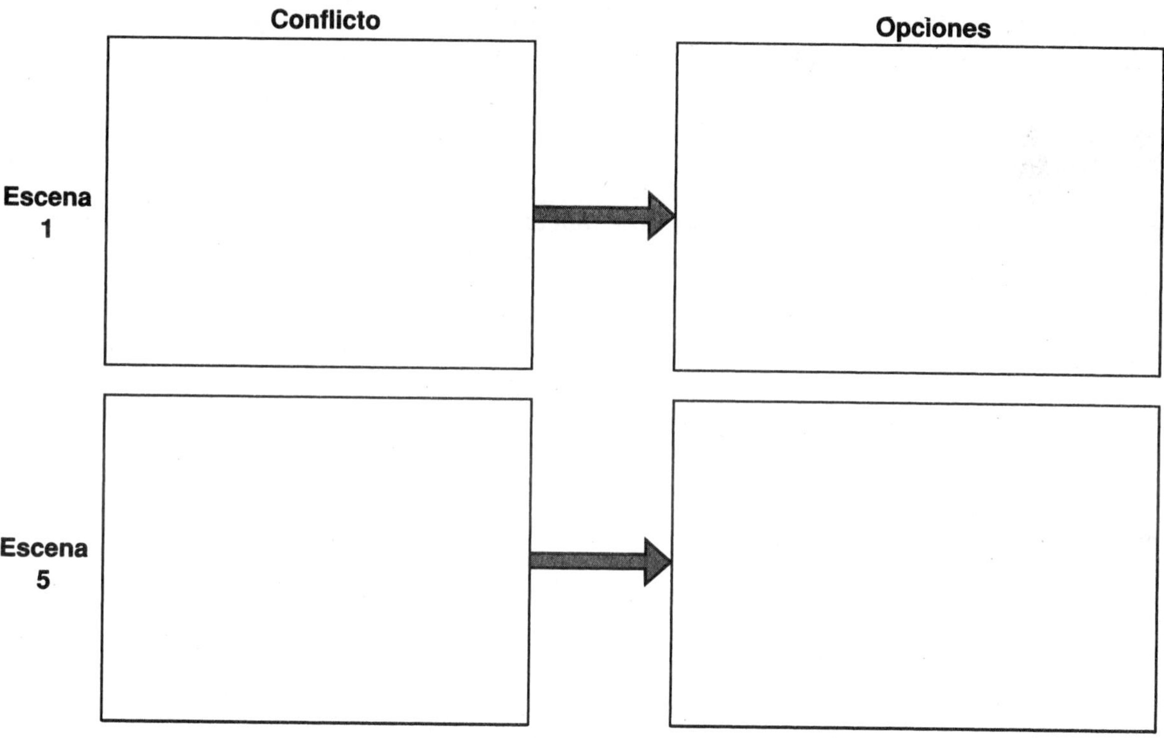

1. En ambas escenas, la ira lleva a la tragedia. ¿Qué efecto tiene la ira en el razonamiento de una persona?

____

____

____

2. Describe un enfoque no violento que hayas utilizado o presenciado para resolver un conflicto.

____

____

____

RESUMEN

Cuarto acto, escena 1. Julieta va a la celda del fraile, y allí encuentra a Paris, quien le habla de amor y de su próxima boda, pero Julieta responde con evasivas. Paris se marcha y Julieta, desesperada, le dice al fraile que si no puede ayudarla, se suicidará. El fraile concibe un plan para evitar la boda de Julieta. La noche antes de la boda, Julieta se tomará un narcótico que le provocará un estado comatoso, con apariencia de muerte, que le durará 42 horas. Mientras tanto, el fraile le mandará un mensaje a Romeo, éste volverá a Verona, y esperará en la cripta de los Capuleto el despertar de Julieta. Entonces los amantes escaparán a Mantua.

RESUMEN

Cuarto acto, escena 2. Cuando Julieta entra en escena, el caballero Capuleto está haciendo preparativos para la boda de su hija. Ella parece arrepentida y le dice a su padre que fray Lorenzo le ha dicho que debe pedirle perdón. Lo hace, diciéndole que acatará sus deseos y que se casará con Paris. Capuleto, aliviado, decide adelantar la boda para el miércoles, que es la mañana siguiente.

RESUMEN

Cuarto acto, escena 3. La nodriza ha ayudado a Julieta a prepararse para la boda del día siguiente. Julieta les pide a su madre y a su nodriza que la dejen sola durante la noche. A punto de tomar la pócima que la hará dormir, expresa en un soliloquio, sus dudas de último momento. ¿Y si la pócima no da resultado? (Por si acaso, prepara una daga a su lado). Y, ¿si el fraile, temeroso de posibles represalias por haberla casado con Romeo, le ha dado un veneno? ¿Y si se despierta en la tumba, entre cadáveres y repugnantes olores, antes de que Romeo llegue a rescatarla? Lo que más le angustia es esta última posibilidad, temiendo perder la razón o ver aparecer el fantasma de Tibaldo. Pero recobra su valor y toma la pócima, brindando por Romeo.

RESUMEN

Cuarto acto, escena 4. El caballero Capuleto y su esposa, con alegría, supervisan los preparativos de la boda. Cuando oyen llegar al conde Paris acompañado de músicos, le piden a la nodriza que vaya a despertar a Julieta.

RESUMEN

Cuarto acto, escena 5. La nodriza va a despertar a Julieta y, cuando no le responde, cree que está muerta. Da un grito de alarma; los padres de Julieta llegan corriendo, lamentándose por la muerte de su hija. Fray Lorenzo y Paris entran y les informan de las malas noticias. El fraile, que sabe que Julieta no está muerta, trata de consolarlos y les dice que hay que preparar su cuerpo para llevarlo al panteón familiar. La escena acaba con un intercambio cómico de bromas entre Pedro y los músicos.

REVISIÓN, P. 834

a. En la escena 1, ¿con qué amenaza Julieta si el fraile no puede ayudarla?

b. ¿Cuál es el plan del fraile para reunir a Romeo y Julieta?

c. En la escena 2 surge otro gran problema: ¿Qué cambios hace Capuleto en los preparativos de la boda?

d. ¿En qué situación se encuentra la casa de los Capuleto al final del cuarto acto?

La tragedia de Romeo y Julieta, Cuarto acto

William Shakespeare   **Edición del alumno, página 818**

Hasta los planes mejor calculados...

En el cuarto acto, escena 1, el fraile sugiere un plan de acción que impedirá que Julieta se case con Paris. En el recuadro de abajo describe el plan del fraile e indica qué piensas sobre la reacción de Julieta.

El plan del fraile	La reacción de Julieta

1. ¿Qué aspecto del plan pueden controlar el fraile y Julieta? ¿Qué partes del plan podrían ser afectadas por las acciones de algún otro personaje?

____

____

____

____

2. Piensa sobre todos los planes que el fraile y Julieta deben elaborar. Cuando planes como éstos se complican, ¿cuál es por lo general el resultado? ¿Por qué?

____

____

____

RESUMEN

Quinto acto, escena 1. Baltasar, el sirviente de Romeo, llega a Mantua con la noticia de que Julieta ha muerto. Al no haber recibido noticias de fray Lorenzo, Romeo no puede saber que se trata de un engaño. Desesperado, obtiene un veneno y parte hacia la tumba de Julieta.

RESUMEN

Quinto acto, escena 2. Fray Lorenzo se entera de que su mensajero, fray Juan, no ha podido entregarle su carta a Romeo, explicándole el estado de coma de Julieta. El fraile se dirige al panteón de los Capuleto, temeroso de que Julieta, que va a despertar en tres horas, se encuentre sola.

RESUMEN

Quinto acto, escena 3. Paris, que vino a la cripta de los Capuleto para esparcir flores y agua perfumada, ve a Romeo y trata de capturarlo. Romeo le advierte que lo deje en paz, pero Paris no le hace caso. Pelean, y Paris muere. Romeo, que siente que Paris es, como él mismo, víctima del infortunio, coloca su cuerpo en la tumba. En un soliloquio, Romeo alaba la belleza de Julieta; entonces bebe el veneno, y muere. Llega el fraile, y cuando Julieta despierta, le dice que Paris y Romeo han muerto. El fraile oye llegar a la guardia y se va, pero Julieta no quiere irse con él. Sola, primero intenta quitarse la vida besando a Romeo, con la esperanza de que aún haya veneno en sus labios. Cuando esto falla, toma el puñal de Romeo y se lo clava. La guardia entra, descubre los cadáveres, detienen al fraile y a Baltasar y llama a los Capuleto, a los Montesco y al Príncipe. El fraile explica lo sucedido. Baltasar enseña una carta que le ha dado Romeo, dirigida a Montesco, que confirma la explicación del fraile. El príncipe culpa a los Montesco y a los Capuleto de la muerte de los jóvenes. Las familias, arrepentidas, se reconcilian.

REVISIÓN, P. 855

a. ¿Qué noticias le trae su sirviente a Romeo en la escena 1?
b. ¿Por qué compra Romeo el veneno?
c. ¿Por qué no recibe Romeo la carta del fraile contándole los cambios de plan?
d. ¿Qué encuentra Romeo cuando entra en la tumba?
e. ¿Qué le sucede finalmente a Romeo y después a Julieta?

La tragedia de Romeo y Julieta, Quinto acto

William Shakespeare   **Edición del alumno, página 836**

Y el veredicto es...

En las obras teatrales de Shakespeare, como en los antiguos dramas, la tragedia surge habitualmente de una combinación del destino y de fallas humanas, especialmente fallas en el carácter del protagonista. Un «pastel gráfico» brinda un círculo dividido en segmentos que representan diversas proporciones de algo. El ejemplo de pastel gráfico indicado abajo muestra cómo cierta estudiante divide su tiempo libre cada semana.

Crea un pastel gráfico en el círculo de la derecha, indicando qué proporción de responsabilidad por la tragedia de Romeo y Julieta asignarías al destino y qué proporción asignarías a Romeo, a Julieta y a otros personajes.

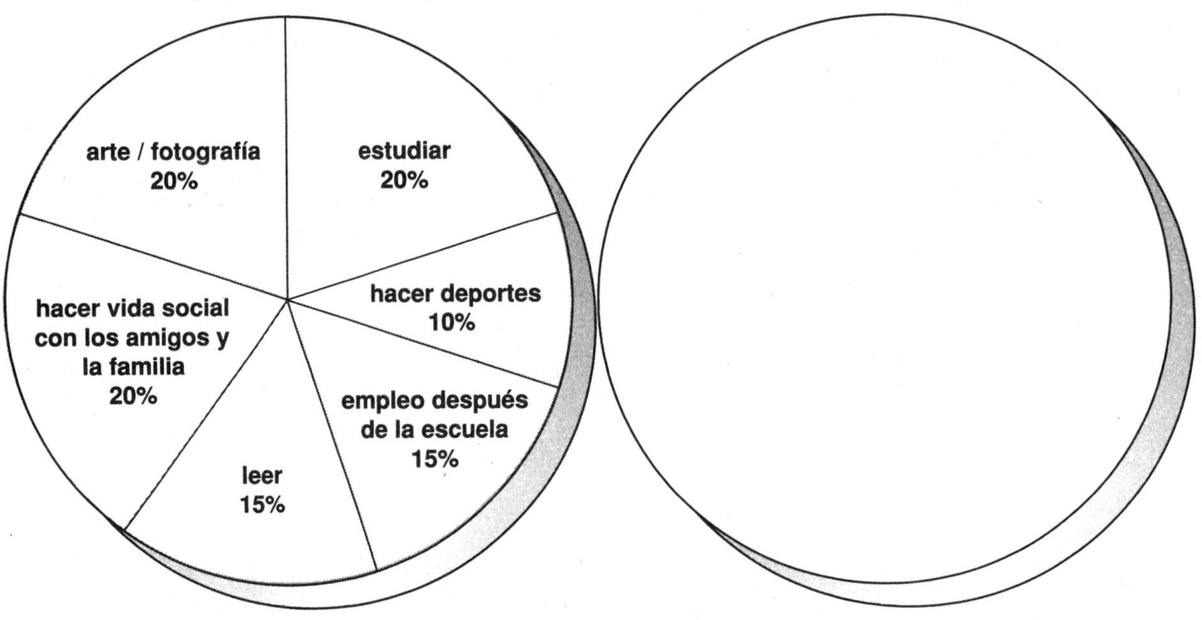

1. ¿Cómo decidiste quién o qué tiene la mayor responsabilidad por la tragedia?

____

____

____

2. ¿Crees que el mensaje de *La tragedia de Romeo y Julieta* continuará teniendo relevancia para futuras generaciones? ¿Por qué? o, ¿por qué no?

____

____

____

La Odisea

Homero
traducido por **Robert Fitzgerald**

Conexiones

Héroes por todas partes
Los admiramos en películas, en televisión y en las noticias; en libros, en equipos deportivos, en laboratorios científicos y en estudios de arte; y si miramos cuidadosamente, también en nuestras propias vidas. Son nuestros héroes, mujeres u hombres, verdaderos o de ficción. Emprenden el viaje que todos emprendemos: la gesta para descubrir quiénes somos y adónde vamos. Encuentran desafíos, contratiempos y peligros; cometen errores, pierden el camino y lo vuelven a encontrar. Ya sea que pierdan o triunfen, lo hacen a lo grande, dando nuevas perspectivas a nuestras vidas. Leyendo estos maravillosos relatos sobre los viajes de Ulises, observa lo que hace y no hace, y qué tiene en común con los héroes de hoy en día.

Notas

¿Qué es lo que convierte a un hombre en un héroe? Escribe los nombres de dos o tres personas, reales o de ficción, que consideres heroicas. Tómate unos minutos para hacer una lista de rasgos característicos que tú creas que debe tener un héroe de cualquier época o lugar. Mientras lees la *Odisea,* haz agregados a la lista.

Destrezas y estrategias de la lectura

Observa tu comprensión
Durante la lectura de esta narración épica haz pausas de vez en cuando para hacerte preguntas y resumir lo que has leído. Pregunta:
* ¿Qué ha sucedido hasta ahora?
* ¿Por qué ha sucedido?
* ¿Cuáles son los sucesos importantes de este capítulo?
* ¿Qué puede pasar ahora?
* ¿Puedo visualizar las descripciones?

Durante la lectura de la *Odisea* es importante saber en que época transcurre. Las preguntas en las columnas laterales te ayudarán a evaluar tu grado de comprensión. Si no las puedes contestar, retrocede en el texto para encontrar las respuestas.

Contar el relato. Homero invoca a la Musa, pidiéndole ayuda para contar la historia de Ulises. Homero describe los apuros de Ulises, su valor y su lucha por salvar su vida y por llevar de regreso a sus hogares a los tripulantes de su nave. Nos recuerda que los compañeros de viaje de Ulises murieron por su propia necedad. Dice que comenzará el relato cuando el resto de los guerreros regresen a sus casas, pero sólo Ulises desea volver a su casa y con su mujer. Calypso le mantiene en cautiverio, abrasada por el deseo de tenerlo sólo para ella. Homero anticipa las pruebas y penurias que le esperan a Ulises, aunque todos los dioses, menos Poseidón, le compadecen.

Calypso, la dulce ninfa. Atrapado en la fragante isla que tiene Calypso, Ulises se ha cansado de sus encantos. En nuestra primera imagen de Ulises, lo vemos llorando, contemplando el horizonte del mar (II. 71–74). A pedido de Atenea, Zeus envía a Hermes para que ordene a la diosa que libere a Ulises. Calypso accede de mala gana y lo deja en libertad. Ulises construye una balsa y se lanza al mar. Pero Poseidón desencadena una tormenta que destruye la balsa. Ulises naufraga en la isla de Feacia y se queda dormido sobre un montón de hojas.

RESUMEN

«Soy el hijo de Laertes...» En su banquete, el rey le pide al extranjero que se identifique, y Ulises empieza a relatar de dónde proviene. Cuenta como fue demorado por Calypso y Circe y los muchos años que lleva viajando desde Troya, buscando cómo regresar a su patria. Habla de los kikones y de un huracán, provocado por Zeus, que dejó a sus hombres a la deriva durante nueve días.

RESUMEN

Los comedores de loto. Después de perder muchos hombres en la lucha contra los kikones en la isla de Ismaros, y de perder el rumbo debido a una fuerte tormenta; Ulises y su tripulación llegan al país de los comedores de loto, que seducen a los tripulantes, los obligan a comer flores de loto y así olvidarse de su patria. Ulises tiene que ecadenarlos a los bancos de la nave para alejarlos de la Tierra del Loto.

RESUMEN

Los cíclopes. Ulises y su tripulación, que han sido retenidos en la cueva del cíclope, ven con horror cómo cada mañana y cada noche el monstruo devora a dos de sus compañeros. El heroico Ulises concibe un plan para escapar. Fabrican una afilada estaca de madera que calientan al fuego, y Ulises se la clava en el ojo al cíclope mientras duerme. Ulises y sus hombres se escapan de la cueva colgándose de las lanas del bajo vientre de los carneros del cíclope, pero Ulises no puede resistirse a burlarse del monstruo quien lo maldice e implora a su padre Poseidón, el dios del mar, que mantenga al héroe errando por el mar durante muchos años.

RESUMEN

La bruja Circe. Cuando Ulises y sus hombres llegan a la isla de la bruja Circe, los tripulantes quedan hechizados por la bruja, que los convierte en cerdos y los encierra en una pocilga.

RESUMEN

El mundo de los muertos. En el mundo de los muertos, Tiresias le aconseja a Ulises que respete los rebaños de Helios, el dios del sol. Tiresias le dice que cuando finalmente llegue a su hogar, encontrará nuevas desdichas. Le indica que después de matar a los pretendientes de su esposa, debe ofrecer sacrificios a Poseidón.

RESUMEN

Las sirenas; Scila y Caribdis. Ulises vuelve a la isla de Circe. La hechicera le dice cómo evitar los peligros de las sirenas, y de Scila y Caribdis. Ulises es amarrado al mástil de su nave para poder oír el canto de las sirenas sin sucumbir a ellas, después de haber tapado con cera de abeja los oídos de sus hombres a fin de que no oigan las embrujadoras voces. Ulises y sus hombres escapan del peligro, pero al pasar por los estrechos de Scila y Caribdis, pierden seis hombres en Scila.

RESUMEN

El ganado del dios sol. Ulises les advierte a sus hombres de que no toquen el ganado del dios sol. Hay tempestades durante un mes, y sus víveres se agotan. Eurilocco, un tripulante, les convence de que comerse el rebaño es mejor que morir de hambre. Ulises despierta y descubre que sus hombres se han dado un buen festín con el ganado. Maldice a los dioses por permitirle dormir durante el banquete sin que pudiera contener a sus hombres.

REVISIÓN, P. 925

Haz un resumen de lo que pasa en los episodios que hayas leído hasta ahora. ¿Qué le sucede a Ulises en cada una de las aventuras? ¿Con quién se encuentra? ¿Cómo consigue seguir adelante?

Aventura	Resumen
Calypso	
Comedores de loto	
Cíclope	
Circe	
Mundo de los muertos	
Sirenas; Scila y Caribdis	
Ganado del dios sol	

ORGANIZADOR GRÁFICO PARA LA LECTURA ACTIVA, P. 69

La Odisea, Primera parte: los viajes de aventura

Homero
traducido por **Robert Fitzgerald**   **Edición del alumno, página 888**

Héroes por todas partes

Una forma de mantener un registro de las aventuras contenidas en la *Odisea* es incluirlas en un gráfico de tiempo, que presente acontecimientos por orden cronológico. En el gráfico de tiempo de abajo, registra la aventura que Ulises tuvo durante diez años, desde el momento en que parte de Troya hasta que comienza a contar su saga en la corte de Alcinoo. Encima de la línea indica los lugares a los que va Ulises o los monstruos o personas con que se encuentra. Debajo de la línea registra brevemente lo que sucede durante esos encuentros. Como ejemplo, se presentan varios acontecimientos. Completa el resto del gráfico de tiempo a medida que leas la «Primera parte: los viajes de aventura».

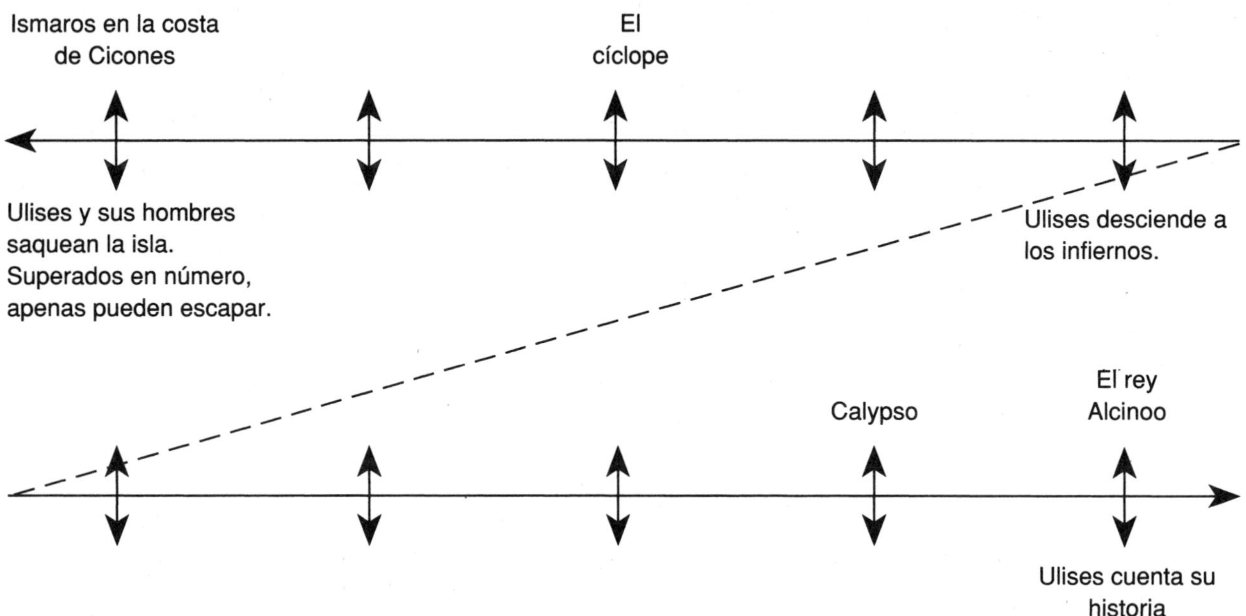

1. Supónte que una compañía fabricante de juguetes quiere hacer de Ulises su próximo muñeco superhéroe de acción. ¿Cuál de los rasgos del carácter de Ulises le aconsejarías a la compañía que enfatizara en el muñeco?

    ____

    ____

    ____

2. ¿Qué cualidades tiene Ulises que hace que sea más humano que superheroico?

    ____

    ____

    ____

    ____

RESUMEN

El encuentro entre padre e hijo. Telémaco regresa a Ítaca, después de intentar confirmar si su padre sigue con vida. Visita a Eumeo, el porquerizo, que le explica que Penélope es acosada por los pretendientes. Ella todavía llora la pérdida de su esposo, y se niega a casarse de nuevo. Ulises, disfrazado de mendigo, también está en la cabaña del porquerizo, pero Telémaco no reconoce a su padre. Los tres comparten una comida, y después el porquerizo es enviado a comunicarle a Penélope el regreso de su hijo Telémaco. Aparece Atenea, y con su vara de oro toca a Ulises quien se transforma en el hombre joven que es. Telémaco, incrédulo, sospecha un engaño, pero Ulises le confirma que es él. Padre e hijo se regocijan con lágrimas en los ojos.

RESUMEN

El mendigo y el perro fiel. Ulises una vez más se disfraza de mendigo, y se dirige a casa. Argos, su viejo perro que yace abandonado frente al portón, reconoce la voz de su amo. Moviendo el rabo, el fiel perro le da la bienvenida, y después muere.

RESUMEN

La prueba del gran arco. Penélope les propone una prueba imposible a sus pretendientes: que tiendan el arco de su marido y lancen una flecha a través de los agujeros en los mangos de doce hachas de hierro. Con su disfraz de mendigo, Ulises pide el arco para probarlo. Penélope accede, y se retira al interior. Ulises cumple la prueba que todos los pretendientes encontraban imposible de realizar.

RESUMEN

Muerte en Palacio. Para reclamar su reino, Ulises tiene que deshacerse de todos los furiosos pretendientes de Penélope, que han hecho frente común contra el héroe, teniendo a Alcinoo como líder. Telémaco y su padre se unen con el porquerizo y el vaquero, atrapan en una sala a los pretendientes, y los derrotan.

RESUMEN

Ulises y Penélope. En un primer momento, la sorpresa de ver a su esposo deja atónita a Penélope, y se queda sin poder hablar ni moverse. Telémaco le ruega que se muestre afectuosa, pero ella quiere alguna prueba de que realmente es su marido. Ulises se baña y se viste con ropas limpias, pero Penélope todavía tiene dudas. Finalmente, Ulises prueba su identidad al revelar el secreto de su lecho nupcial, que está hecho en torno a la base de un tronco de árbol. Al oír estas palabras, Penélope abraza a Ulises, llorando de alegría.

REVISIÓN, P. 950

a. Describe el estado de Argos cuando Ulises lo ve.
b. ¿Cuál es la prueba del arco? y, ¿cómo recompensará Penélope al ganador?
c. Justo antes de tensar el arco, Ulises revela su identidad a dos personas. ¿Quiénes son? ¿Por qué confía en ellos?
d. Enumera por lo menos cinco imágenes o hechos de la lucha de Ulises con los pretendientes.
e. ¿Cómo pone Penélope a prueba a Ulises después de la batalla?

ORGANIZADOR GRÁFICO PARA LA LECTURA ACTIVA, P. 70

La Odisea, Segunda parte: el regreso a casa

Homero
traducido por **Robert Fitzgerald**   **Edición del alumno, página 928**

¿A casa de quién?

Durante el desarrollo de su viaje desde Troya a Ítaca, Ulises visita las residencias de muchas otras personas y criaturas, aunque ansiando constantemente estar en su amada Ítaca. En la urna de abajo indica tus impresiones sobre uno de esos lugares o del hogar del propio Ulises. Puedes usar palabras, símbolos, dibujos o una combinación de los tres.

1. ¿Por qué seleccionaste esta residencia para describirla?

____

____

____

____

2. La residencia que seleccionaste, ¿parece adecuarse al personaje que vive allí? ¿Por qué, o por qué no?

____

____

____

____

MANUAL DE TÉRMINOS LITERARIOS

LAS REFERENCIAS QUE FIGURAN AL FINAL DE MUCHOS DE LOS VOCABLOS DE ESTE MANUAL TE REMITEN A OTRAS CON INFORMACIÓN AFÍN. POR EJEMPLO, AL FINAL DE *AUTOBIOGRAPHY* (AUTOBIOGRAFÍA) ENCONTRARÁS UNA REFERENCIA A *BIOGRAPHY* (BIOGRAFÍA).

ALEXANDRINE (ALEJANDRINO) **Verso formado por seis yambos,** es decir, escrito en hexámetro yámbico.

ALLEGORY (ALEGORÍA) **Relato en el que los personajes, escenarios y hechos representan conceptos abstractos o morales.** Por lo tanto, las alegorías tienen dos significados: uno literal y otro simbólico.

ALLITERATION (ALITERACIÓN) **Repetición de sonidos consonánticos en palabras cercanas unas de otras.** La aliteración ocurre sobre todo al principio de las palabras, como en **"rough and ready"** (*«rudo y listo»*); pero algunas veces hay aliteración dentro de la palabra, como en **"baby blue"**. El eco de la aliteración puede aumentar los efectos rítmicos y musicales de un poema, y hacer que los versos sean memorables.

ALLUSION (ALUSIÓN) **Referencia a una declaración, una persona, un lugar, un hecho o una cosa conocida en literatura, historia, religión, mitología, política, deportes, ciencias o cultura popular.**

AMBIGUITY (AMBIGÜEDAD) **Técnica mediante la cual el escritor sugiere deliberadamente dos o más significados distintos, y a veces conflictivos, en una obra.**

ANACHRONISM (ANACRONISMO) **Hecho o detalle que resulta inapropiado para esa época.**

ANALOGY (ANALOGÍA) **Comparación que se hace entre dos cosas para mostrar en qué se parecen.** El escritor hace a menudo analogías para mostrar cómo algo poco conocido se parece a algo bien conocido o experimentado. Por ejemplo, puede hacerse una analogía entre la creación de una obra de arte y el nacimiento de un niño.

ANAPEST (ANAPESTO) **Pie métrico que tiene dos sílabas átonas seguidas de una tónica.**

ANECDOTE (ANÉCDOTA) **Relato breve que ilustra un punto de vista o sirve como ejemplo de algo.**

ANTAGONIST (ANTAGONISTA) **Personaje o fuerza que se opone al protagonista o personaje principal en una narración.** Por lo general el antagonista es humano, pero también puede ser sobrenatural.

ANTHROPOMORPHISM (ANTROPOMORFISMO) **Atribución de características humanas a un animal o a un objeto.** El escritor da cualidades humanas a animales u objetos para lograr efectos satíricos o humorísticos.

ANTICLIMAX (ANTICLÍMAX) Ver *Climax* (Clímax).

ANTITHESIS (ANTÍTESIS) **Contraste de ideas expresadas en una exposición gramaticalmente equilibrada.**

APHORISM (AFORISMO) **Dicho breve, a veces ingenioso, que expresa un principio, una verdad o una observación acerca de la vida.**

APOSTROPHE (APÓSTROFE) **Forma de expresión en la que el narrador se dirige directamente a una persona ausente o fallecida, a una cualidad abstracta o a algo no humano, como si estuviera presente y pudiera responder.**

ARGUMENT (ARGUMENTO) **Forma de persuasión que apela a la razón más que a la emoción, que sirve para convencer a un auditorio de que piense o actúe de cierta manera.** La Declaración de Independencia ofrece algunos famosos ejemplos de argumentos.

ASIDE (APARTE) **Palabras privadas que un personaje de una obra le dirige al público o a otro personaje, y que se supone que no son oídas por otros en escena.** Las indicaciones escénicas indican generalmente cuándo un parlamento es un aparte.

ASSONANCE (ASONANCIA) **Repetición de sonidos vocálicos similares seguidos de sonidos consonánticos diferentes en palabras que se encuentran cerca unas de otras.** La asonancia difiere de la **rima exacta (*exact rhyme*)** en que no repite el sonido consonántico que sigue a la vocal.

ATMOSPHERE (ATMÓSFERA) **Estado de ánimo o sentir general de una obra literaria.** El escritor crea generalmente la atmósfera utilizando detalles descriptivos y un lenguaje evocativo.

AUTHOR (AUTOR) **Escritor o escritora de una obra literaria.**

AUTOBIOGRAPHY (AUTOBIOGRAFÍA) **Narración escrita por el autor sobre su propia vida.** A diferencia de los **diarios** personales y de las cartas, las autobiografías son narraciones unificadas preparadas generalmente para el gran público. También, y a diferencia de las memorias —que a menudo se concentran en personas y hechos famosos— las autobiografías tienden a ser introspectivas.

Ver también *Biography* (Biografía).

BALLAD (BALADA) **Composición musical o poética que narra un relato.** La mayoría de las baladas siguen un modelo regular de **ritmo (*rhythm*)** y **rima (*rhyme*)** con un lenguaje simple lleno de repeticiones. Las baladas tienen generalmente un **estribillo (*refrain*)**, es decir, palabras o versos repetidos a intervalos regulares, y narran por lo general sensacionales relatos de tragedia, aventuras, traición, venganza y celos. Las **baladas folclóricas (*folk ballads*)** son composiciones de cantantes anónimos y se transmiten oralmente de generación en generación antes de ser transcritas (a menudo en versiones diferentes). En cambio, las **baladas literarias (*literary ballads*)** son composiciones de poetas conocidos escritas generalmente al estilo de las baladas folclóricas.

La **balada en estrofa (*ballad stanza*)** es un cuarteto que rima en *abcb*. El primer verso y el tercero tienen cuatro sílabas tónicas, y el segundo y el cuarto tienen tres. La cantidad de sílabas átonas de cada verso puede variar, pero el metro es sobre todo **yámbico.**

BIOGRAPHY (BIOGRAFÍA) **Narración de la vida o parte de la vida de una persona, escrita o relatada por otra.**

BLANK VERSE (VERSO BLANCO) **Poesía escrita en pentámetro yámbico no rimado.** «Blanco» indica que la poesía no va rimada; «pentámetro yámbico» quiere decir que cada verso o línea contiene cinco yambos, o **pies** métricos, cada uno con una sílaba átona seguida de una tónica (˘´). El verso blanco es la forma métrica más importante de la poesía dramática y de la épica inglesa. Ha sido muy popular incluso entre los poetas modernos, porque combina la naturalidad del verso no rimado con la estructura del verso métrico. Con excepción del **verso libre (*free verse*)**, el blanco es la forma poética que más se aproxima al habla natural, y se presta fácilmente a leves variaciones dentro del modelo básico.

CADENCE (CADENCIA) **Elevación y descenso naturales de la voz.** Los poetas que escriben en **verso libre (*free verse*)** a menudo tratan de imitar las cadencias del lenguaje hablado.

CAESURA (CESURA) **Pausa interior de un verso poético indicada generalmente por el ritmo natural del lenguaje.** La cesura **medial** es característica de la poesía anglosajona, y divide el verso de cuatro tiempos por la mitad.

CANTO (CANTO) **Subdivisión de un poema extenso, que corresponde a un capítulo de un libro.** *Canto* proviene de una palabra en latín que significa *canción*, e indicaba originalmente una sección de un poema narrativo que el juglar podía cantar en una sesión.

CARPE DIEM **Frase en latín que significa literalmente «aprovecha el día», es decir, «sácale el jugo a la oportunidad del momento».** El tema *carpe diem* es bastante común en la poesía inglesa de los siglos XVI y XVII.

CATALOG (CATÁLOGO) **Lista de cosas, personas o hechos.**

CHARACTER (PERSONAJE) **Individuo en un relato o una obra teatral.** El personaje siempre tiene rasgos humanos, incluso cuando se trata de un animal, un dios mitológico o un monstruo. El personaje también puede ser un humano deificado, pero la mayoría de los personajes son seres humanos ordinarios.

La **caracterización (*characterization*)** es el proceso por el cual el escritor revela las características de un personaje. El escritor puede revelar a un personaje de las formas siguientes:

1. diciéndonos directamente cómo es el personaje (humilde, ambicioso, impetuoso, fácil de manipular, etc.)
2. mediante la descripción de la apariencia y del vestuario del personaje
3. al permitirnos oír lo que el personaje dice
4. al revelarnos los pensamientos y sentimientos privados del personaje
5. al mostrarnos el efecto que el personaje tiene en los demás, y cómo se comportan y qué sienten los otros personajes en relación con el personaje caracterizado
6. por el comportamiento del personaje

El primer método para revelar a un personaje se denomina **caracterización directa (*direct characterization*)**. Cuando el escritor utiliza este método, no tenemos que indagar cómo es el personaje, puesto que el escritor nos lo dice directamente. Los otros cinco métodos para revelar a un personaje se conocen como **caracterización indirecta (*indirect characterization*)**. Cuando el escritor los usa, tenemos que juzgar por nosotros mismos, agrupando las claves para saber cómo es el personaje, como lo hacemos en la vida real cuando empezamos a conocer a alguien.

Los personajes a menudo son clasificados como estáticos o dinámicos. Un **personaje estático (*static character*)** no cambia mucho a lo largo de una obra; un **personaje dinámico (*dynamic character*)** tiene algunos cambios importantes como resultado de lo que ocurre en el relato. Los personajes también pueden ser simples o complejos. Los **personajes simples (*flat characters*)** sólo tienen uno o dos rasgos de personalidad; son unidimensionales, y se pueden resumir en una sola frase; pero los **personajes complejos (*round characters*)** tienen más dimensiones, son sólidos y presentan varias facetas, como la gente de verdad.

 (CLASICISMO)   **Movimiento artístico, literario y musical que propugna imitar los principios manifestados en el arte y la literatura de las antiguas Grecia y Roma («*clásicas*»).** El Clasicismo destaca la razón, la claridad, el equilibrio, la armonía, la moderación, el orden y los temas universales. El Clasicismo se presenta a menudo en oposición directa al **Romanticismo (*Romanticism*)**, que hace énfasis en las emociones libres y en los temas personales. No obstante, esta oposición debe considerarse con cuidado, ya que a veces se exagera con fines efectistas.

 (CLICHÉ)   **Una expresión que fue fresca y apropiada cuando se utilizó por primera vez, pero que debido al uso excesivo se ha convertido en un lugar común.** Dos ejemplos comunes son "busy as a bee" («tan laborioso como una hormiga» [abeja, en inglés]) y "fresh as a daisy" («tan fresco como una rosa» [margarita, en inglés]). Los clichés se compan a menudo con **metáforas muertas (*dead metaphors*)**, formas de expresión que han perdido la capacidad de sorprender.

 (CLÍMAX)   **Momento de mayor intensidad emocional o de suspenso en una trama.** El clímax señala generalmente el momento en que se decide el conflicto de una manera u otra. Tras el clímax viene el **desenlace (*resolution*)** del relato.

Algunos críticos aluden a más de un momento culminante en una obra extensa (aunque por lo general el principal clímax se presenta cerca del final de la trama). En una obra teatral tal momento se denomina **punto decisivo (*turning point*)** o **crisis.** El punto decisivo es el momento especial en el que la fortuna del o de la protagonista empieza a declinar o a mejorar. Los hechos que nos llevan a tal momento forman la **acción ascendente (*rising action*)** y todos los hechos posteriores constituyen la **acción descendente (*falling action*)**.

En cambio, cuando algo trivial o cómico ocurre en una narración, y lo que se espera es algo serio e importante, tenemos el **anticlímax (*anticlimax*)**.

Ver también *Plot* (Trama).

 (COMEDIA)   **En general, relato que tiene un final feliz.** El o la protagonista es generalmente un personaje ordinario que supera una serie de obstáculos para lograr lo que desea. La comedia difiere de la **tragedia (*tragedy*)** en que un gran personaje llega a un final desdichado o desastroso, a menudo a causa de una mala decisión o por debilidad de carácter. Por lo general, aunque no siempre, las comedias tienen por finalidad hacernos reír.

Ver también *Farce* (Farsa), *Tragedy* (Tragedia).

 (ALIVIO CÓMICO)   **Escena o hecho cómico que matiza una obra teatral o una narración seria.** El alivio cómico le permite al escritor aligerar el tono de una obra, y mostrar el aspecto cómico de un tema dramático.

CONCEIT (CONCEPTO)   Forma de expresión imaginativa que establece una sorprendente conexión entre dos cosas aparentemente muy distintas. Aunque un concepto puede ser una metáfora breve, generalmente es el marco de todo un poema. Uno de los tipos más importantes es el **concepto metafísico (*metaphysical conceit*)**, usado ampliamente por los poetas metafísicos del siglo XVII. Este tipo de concepto es particularmente llamativo, complejo e ingenioso.

CONCRETE POEM (POEMA VISUAL)   Poema en el que las palabras se organizan sobre el material en que son escritas (papel, pergamino, pantalla de computadora) en forma tal que sugieran la representación visual de un objeto. En la poesía inglesa del siglo XVII, los poetas escribieron poemas visuales en forma de cruces, altares y alas; en la actualidad, se escriben representando todo tipo de forma concebible.

CONFLICT (CONFLICTO)   Lucha entre fuerzas, emociones o personajes opuestos. En un **conflicto externo (*external conflict*)**, un personaje lucha contra una fuerza externa que puede ser otro personaje, la sociedad en general, o una fuerza natural. En contraste, un **conflicto interno (*internal conflict*)** es una lucha entre las exigencias, emociones o deseos opuestos de un personaje. Muchas obras, especialmente las más extensas, contienen conflictos internos y externos.

Ver también *Plot* (Trama).

CONNOTATIONS (CONNOTACIONES)   Significados, asociaciones o emociones sugeridas por una palabra. Por ejemplo, un restaurante caro puede preferir cierta publicidad indicando que ofrece una «cocina deliciosa» ("delicious cuisine") en vez de decir que brinda «comidas deliciosas» ("delicious cooking"), porque *cocina* (cuisine) tiene una connotación de elegancia que *cocinar* (cooking) no tiene.

Ver también *Denotation* (Denotación), *Diction* (Dicción), *Tone* (Tono).

CONSONANCE (CONSONANCIA)   Repetición de sonidos consonánticos finales después de sonidos vocálicos diferentes. Este término también se usa algunas veces para aludir a sonidos consonánticos repetidos en el interior de las palabras como en *solemn stillness* (quietud solemne). Al igual que la **asonancia (*assonance*)**, la consonancia es una de las formas de la **rima aproximada (*approximate rhyme*)**.

Ver también *Alliteration* (Aliteración), *Assonance* (Asonancia).

COUPLET (PAREADO)   Dos versos consecutivos que riman entre sí. El pareado ha sido usado ampliamentre desde la Edad Media para crear una sensación de finalidad. El pareado que presenta una idea completa se llama **pareado cerrado (*closed couplet*)**.

El pareado en **pentámetro yámbico (*iambic pentameter*)** se llama **pareado heroico (*heroic couplet*)**. Aunque el pareado heroico se ha usado en la literatura inglesa desde la época de Chaucer, fue perfeccionado durante el siglo XVIII.

DACTYL (DÁCTILO)   Pie métrico de tres sílabas en el que la primera es tónica y las dos siguientes son átonas.

DENOTATIONS (DENOTACIONES)   Definición literal de una palabra, según el diccionario.

Ver también *Connotation* (Connotación).

DENOUEMENT (DESENLACE)   Conclusión o resultado de un relato. En francés, la palabra significa «desenredo» ("unraveling"). En este punto del relato se despejan todos los misterios, se resuelven los conflictos y se contestan todos los interrogantes motivados por la trama.

Ver también *Plot* (Trama), *Resolution* (Resolución).

DESCRIPTION (DESCRIPCIÓN)   Tipo de texto cuya intención es crear un ambiente o una emoción, o recrear a una persona, un lugar, una cosa, un hecho o una experiencia. La descripción es una de las cuatro técnicas principales usadas al escribir. (Las otras son **narración [*narration*]**, **exposición [*exposition*]** y **persuasión [*persuasion*]**.) La descripción crea imágenes atractivas a la vista, el olfato, el gusto, el oído o el tacto. El escritor usa la descripción en todo tipo de ficción, de narrativa de hechos reales y de poesía.

***DEUS EX MACHINA*   Cualquier recurso artificial o efectista que se use al final de una trama para resolver o desenredar las complicaciones.** La expresión en latín significa «el dios proveniente de una máquina» y alude al recurso usado en el antiguo teatro griego y romano: al terminar la obra se hacía descender al escenario por medio de un dispositivo mecánico a un «dios» para que salvara al héroe, y para que el relato tuviera un final feliz. En la actualidad, se usa la expresión para aludir a cualquier recurso que resuelva la trama de manera ridícula o inesperada.

DIALECT (DIALECTO) **Forma de hablar característica de una zona geográfica o de un determinado grupo de personas.** Un dialecto puede tener su propio vocabulario, pronunciación y gramática. En la Edad Media, cuando el latín era la lengua «literaria» de Europa, escritores como Geoffrey Chaucer empezaron a escribir para la clase media usando lenguajes regionales, los que ahora se llaman dialectos o **lenguas vernáculas.** En la actualidad, por lo general se acepta un dialecto determinado como la norma para hablar y escribir de un país o una cultura. En Estados Unidos, el dialecto formal que se usa en el lenguaje escrito y el que hablan la mayoría de los anunciadores de radio y televisión es el **inglés corriente (*standard English*).**

Sin embargo, el escritor usa a menudo otros dialectos con el fin de darle más carácter a un personaje o crear un «sabor local».

Ver también *Vernacular* (Lengua vernácula).

DIALOGUE (DIÁLOGO) **Conversación entre dos o más personas.** El escritor usa el diálogo para hacer avanzar la acción de una trama, presentar interacciones de ideas y personalidades y revelar los antecedentes, la ocupación o el nivel social de los personajes por medio del **tono (*tone*)** y del **dialecto (*dialect*).**

DIARY (DIARIO PERSONAL) **Recuento diario de hechos y pensamientos de un individuo.** El diario personal es por lo general una crónica **autobiográfica (*autobiographical*)** sólo para referencia y gusto de quien la redacta, no para su publicación, aunque a veces algunos llevan un diario con un lector en mente.

Ver también *Autobiography* (Autobiografía), *Journal* (Periódico diario).

DICTION (DICCIÓN) **Gama de palabras que escoge el escritor o uno de los personajes.** Los oradores y los escritores usan diferentes clases de palabras dependiendo de a quiénes se dirijan, el tema que traten y el efecto que deseen producir. Por ejemplo, el lenguaje que utilizaría un nutricionista para describir una comida sería distinto del utilizado por un escritor gastronómico o un novelista.

La dicción es un elemento esencial del **estilo (*style*)** de un escritor, y puede ser sencilla o florida (*shop* [tienda]/*boutique*), moderna o antigua (*pharmacy* [farmacia]/*apothecary* [boticario]), general o específica (*sandwich/cheese on rye* [queso en pan de centeno]). Las **connotaciones** (*connotations*) de las palabras (más que el sentido estricto o literal, o **denotaciones [*denotations*]**) son un importante aspecto de la dicción.

Ver también *Connotations* (Connotaciones), *Tone* (Tono).

DIDACTIC LITERATURE (LITERATURA DIDÁCTICA) **Obra escrita cuya intención es primordialmente enseñar.** Los textos sagrados (como la Biblia y el Corán) de las principales religiones del mundo contienen literatura didáctica. Hay otras clases de literatura didáctica, como los dichos sabios, llamados aforismos, las anécdotas, las fábulas, las parábolas y los cuentos folclóricos.

Ver también *Anecdote* (Anécdota), *Fable* (Fábula), *Folklore tale* (Cuento folclórico), *Parable* (Parábola).

DISSONANCE (DISONANCIA) **Combinación discordante de sonidos.** Lo opuesto es la **eufonía (*euphony*),** una combinación agradable y armoniosa de sonidos. La disonancia se usa a menudo en poesía para comunicar energía, creada habitualmente mediante la repetición de ásperos sonidos consonánticos. También es conocida como **cacofonía (*cacophony*).**

DRAMA (DRAMA) **Relato escrito para ser representado ante un auditorio.** El desarrollo del drama tiene por lo general como motivo a un personaje que quiere algo y hace lo necesario para conseguirlo. Las fases principales del drama son a menudo **exposición (*exposition*), complicaciones (*complications*),** clímax **(*climax*)** y desenlace **(*resolution*).**

DRAMATIC MONOLOGUE (MONÓLOGO DRAMÁTICO) **Poema en el que un personaje se dirige a uno o a varios oyentes, que permanecen en silencio o cuyas respuestas no se revelan.** Por lo general, la ocasión es crítica en la vida del narrador.

ELEGY (ELEGÍA) **Poema que llora la muerte de una persona o lamenta algo perdido.** Las elegías pueden lamentar el fin de la vida o de la belleza, o pueden ser meditaciones sobre la naturaleza de la muerte. La elegía, que es un tipo de poesía **lírica (*lyric*),** es generalmente formal en lenguaje y estructura, y solemne e incluso melancólica en tono.

END-STOPPED LINE (VERSO FINAL) **Verso en el que el metro y el significado concluyen al final de la frase.** A menudo se marca la pausa final con puntuación, aunque no es necesario que esto ocurra.

Ver también *Run-on-line* (Encabalgamiento).

EPIC (EPOPEYA) **Poema narrativo extenso que relata los grandes logros y penurias de un héroe legendario, que personifica los valores de una sociedad en particular.** La mayoría de las epopeyas incluyen elementos tomados de mitos, leyendas, folclore e historia; el tono es serio y el lenguaje de rasgos grandiosos. Gran parte de los **héroes épicos** (*epic heroes*) emprenden búsquedas para obtener algo de tremendo valor para ellos o para la sociedad.

EPIGRAM (EPIGRAMA) **Declaración breve, ingeniosa, y a menudo memorable.**

EPIPHANY (EPIFANÍA) **En una obra literaria, momento de súbita percepción o revelación experimentado por un personaje.** Esta palabra procede del griego y se puede traducir como «manifestación». La expresión tiene significados religiosos que muchos escritores modernos han pasado a la literatura.

EPITAPH (EPITAFIO) **Inscripción en una lápida o poema conmemorativo escrito acerca de alguien que ha fallecido.** Los epitafios pueden variar de tono solemne a burlesco.

EPITHET (EPÍTETO) **Adjetivo o frase descriptiva que se usa para caracterizar a una persona, un lugar o una cosa.** Frases como «Pedro el Grande» (*"Peter the Great"*), «Ricardo Corazón de León» (*"Richard the Lion-Hearted"*) o «América, la hermosa» (*"America the Beautiful"*) son epítetos. El **epíteto homérico** (*Homeric epithet*) consiste en un adjetivo compuesto usado regularmente para modificar un sustantivo en particular: «el mar color vino oscuro» (*"the wine-dark sea"*), «Atenea, la diosa de los ojos grises» (*"the gray-eyed goddess Athena"*). Ver también *Kenning* (Nombre metafórico).

ESSAY (ENSAYO) **Pieza breve de narrativa en prosa sobre hechos reales que examina un solo tema desde un punto de vista particular.** Hay dos tipos principales de ensayos: el **ensayo informal** (*informal essay*) (llamado también **ensayo personal** [*personal essay*]) revela por lo general mucho acerca de la personalidad y gustos del autor. El tono de estos ensayos es a menudo coloquial y, en ocasiones, hasta humorístico, y son por lo general muy subjetivos. El **ensayo formal** (*formal essay*) (llamado también **ensayo**

tradicional [*traditional essay*]) es generalmente de tono serio, objetivo e impersonal. Como la intención es informar o persuadir, estos ensayos deben estar respaldados por hechos y lógica, y deben presentarse bien organizados.

EXAGGERATION (EXAGERACIÓN) Ver *Hyperbole* (Hipérbole).

EXPOSITION (EXPOSICIÓN) **Tipo de escrito que explica, brinda información o aclara una idea.** La exposición es una de las cuatro técnicas principales usadas al escribir. (Las otras son **narración** [*narration*], **descripción** [*description*] y **persuasión** [*persuasion*]). Encontramos exposiciones en artículos de periódicos y revistas, en relatos, en biografías (y hasta en libros de recetas de cocina). En realidad, cada uno de los vocablos (o frases) definido en este Manual de términos literarios es una exposición.

La **exposición** (*exposition*) también se usa para hacer referencia a la parte de una trama que informa acerca de los personajes y de sus problemas o conflictos.

FABLE (FÁBULA) **Relato breve en prosa o poesía que contiene una moraleja o una lección práctica de cómo vivir.** Los personajes de la mayoría de las fábulas son animales que hablan y se comportan como seres humanos. Algunas de la fábulas más populares se atribuyen, entre otros autores, a Esopo, supuestamente un fabulista en la Grecia antigua.

FALLING ACTION (ACCIÓN DESCENDENTE) Ver *Climax* (Clímax).

FARCE (FARSA) **Tipo de comedia en la que personajes ridículos y a menudo estereotipados se ven envueltos en situaciones tontas e insólitas.** En la farsa, el humor se basa en la acción física, golpazos y payasadas. Por ejemplo, los personajes se resbalan en cáscaras de plátano, se arrojan pasteles a la cara y se golpean en la cabeza con escaleras. Las películas de Abbott y Costello, Laurel y Hardy, y los hermanos Marx son ejemplos de farsas.

La palabra *farsa* proviene de una palabra del latín que significa «relleno» y, en verdad, las farsas fueron inicialmente rellenos entre los actos de obras más serias. Hasta en la tragedias se incluyen los elementos de la farsa para brindar **alivio cómico** (*comic relief*) a la tensión existente.

FIGURATIVE LANGUAGE (LENGUAJE FIGURADO) **Lenguaje que se aparta intencionadamente de la construcción o del significado normal de las palabras para crear ciertos efectos, o hacer una analogía entre dos cosas aparentemente distintas.** El lenguaje figurado comprende todas las formas de expresión (*figures of speech*).

FIGURE OF SPEECH (FORMA DE EXPRESIÓN) **Palabra o frase que describe una cosa en términos de otra, y que no debe entenderse literalmente.** Las formas de expresión, o lenguaje figurado, siempre tienen que ver con cierta forma de comparación imaginativa entre elementos aparentemente diferentes.

Se han identificado unas 250 figuras retóricas diferentes, pero las más comunes son el **símil** (*simile*), la **metáfora** (*metaphor*) y la **personificación** (*personification*).

Ver también *Simile* (Símil), *Metaphor* (Metáfora), *Personification* (Personificación).

FLASHBACK (ESCENA RETROSPECTIVA) **Escena de una película, obra teatral, cuento corto, novela o poema narrativo que interrumpe la acción actual de una trama para mostrar hechos que ocurrieron antes.**

FOIL (PERSONAJE DE CONTRASTE) **Personaje que hace resaltar a otro por medio de un fuerte contraste.** Este contraste destaca las diferencias entre dos personajes, señalando las cualidades distintivas de cada uno de ellos.

FOLK TALE (CUENTO FOLCLÓRICO) **Relato tradicional anónimo que se transmite oralmente de una generación a otra.** A diferencia de los mitos –que hablan de dioses y diosas, héroes y heroínas– los cuentos folclóricos son generalmente acerca de gente común. Los cuentos folclóricos tienden a viajar; por eso encontrarás a menudo los mismos **motivos** (*motifs*) –personajes, imágenes o argumentos– en cuentos de culturas diferentes. Por ejemplo, se dice que hay unas novecientas versiones del cuento folclórico de La Cenicienta.

FOOT (PIE) **Unidad para el metro en la poesía.** Un pie siempre contiene por lo menos una sílaba tónica y, generalmente, una o más sílabas átonas. Un **yambo** (*iamb*) es un pie común en la poesía inglesa, y consiste en una sílaba átona seguida de una tónica.

FORESHADOWING (PRESAGIO) **Uso de indicios para sugerir lo que ocurrirá en la trama.** El presagio estimula la curiosidad del lector y crea **suspenso** (*suspense*).

FRAME STORY (RELATO DENTRO DE UN RELATO) **Narración inicial dentro de la cual uno o varios de los personajes relatan una historia.**

FREE VERSE (VERSO LIBRE) **Poesía sin un plan de metro o rima regular.** El verso libre se basa en los **ritmos** (*rhythms*) naturales del lenguaje común. Los poetas que escriben en verso libre usan **aliteración** (*alliteration*), **rima interna** (*internal rhyme*), onomatopeya (*onomatopoeia*) y otros efectos de sonido; también pueden dar énfasis a las **imágenes.** Buena parte de la producción poética actual se escribe en verso libre.

GOTHIC (GÓTICO) **Término que se usa para describir obras literarias que contienen elementos primitivos, medievales, salvajes, misteriosos o naturales.** Tales elementos fueron desdeñados por los neoclásicos del siglo XVIII, pero aclamados por los escritores románticos de la era siguiente. La **novela gótica,** género popular a finales del siglo XVIII y principios del XIX, se caracteriza sobre todo por escenarios tenebrosos en un ambiente de terror y de misterio.

HAIKU (HAIKU) **Forma poética japonesa que consta de tres versos y, por lo general, de 17 sílabas (cinco en el primero, siete en el segundo y cinco en el tercero).** El autor de un haiku se vale de la asociación y la sugestión para describir un momento especial de descubrimiento o percepción. El haiku presenta a menudo una imagen de la vida diaria que se relaciona con una estación del año en particular.

HYPERBOLE (HIPÉRBOLE)   **Forma de expresión que usa la exageración para expresar una emoción fuerte o crear un efecto cómico.** Si bien la hipérbole (conocida también como **exageración [*overstatement*]**) no expresa la verdad literal, se usa a menudo al servicio de la verdad para captar la intensidad o destacar la naturaleza esencial de algo.

IAMB (YAMBO)   **Pie métrico de la poesía que tiene una sílaba átona seguida de otra tónica, como en la palabra *protect* (proteger).** El yambo es un pie común en la poesía en inglés.

Ver también *Foot* (Pie), *Iambic pentameter* (Pentámetro yámbico), *Meter* (Metro), *Spondee* (Espondeo), *Trochee* (Troqueo).

IAMBIC PENTAMETER (PENTÁMETRO YÁMBICO)   **Verso compuesto por cinco yambos.** Un **yambo** es un pie métrico, o unidad de medida poética que consiste en una sílaba átona seguida de una tónica (˘´). Por ejemplo, la palabra *suggest* (sugerir) está formada por un yambo. *Pentámetro* (pentameter) se deriva de las palabras griegas *penta* (cinco) y *metro* (medida).

El pentámetro yámbico es el verso más común en la poesía inglesa. Los principales sonetos y obras de Shakespeare están escritos en este metro. Muchos poetas modernos, como W. H. Auden, han seguido usando el pentámetro yámbico. A excepción del **verso libre (free verse),** es el metro que más se parece al lenguaje natural.

Ver también *Blank Verse* (Verso blanco), *Foot* (Pie), *Iamb* (Yambo), *Meter* (Metro), *Scanning* (Escansión).

IDIOM (MODISMO)   **Expresión de un lenguaje determinado que significa algo diferente del sentido literal de sus partes.** Por ejemplo, la expresión en inglés "It's raining cats and dogs" (Están lloviendo gatos y perros).

IMAGERY (IMÁGENES)   **Uso del lenguaje para evocar una representación o una sensación concreta de una persona, una cosa, un lugar o una experiencia.** La mayor parte de las imágenes son de tipo visual, es decir, que apelan a la vista, pero también pueden atraer el oído, el tacto, el gusto o el olfato. El uso de imágenes es un elemento en toda clase de escritos, pero es especialmente importante en la poesía.

IMAGISM (IMAGINISMO)   **Movimiento en la poesía europea y estadounidense del siglo XX que aboga por la creación de imágenes claras y firmes, expresadas concisamente en lenguaje cotidiano.**

IMPRESSIONISM (IMPRESIONISMO)   **Movimiento en la literatura y en el arte del siglo XIX que propugnaba una impresión personal del mundo de parte del artista o autor, en vez de la representación estricta de la realidad.**

INCONGRUITY (INCONGRUENCIA)   **Unión deliberada de elementos opuestos o que no se corresponden.**

INCREMENTAL REPETITION (REPETICIÓN DE DESARROLLO)   **Recurso usado ampliamente en baladas en las que se repite un verso o versos con ligeras variaciones de una estrofa a otra.** Cada repetición avanza la trama de la narración.

IN MEDIAS RES   **Técnica de iniciar un relato por la mitad y, valiéndose de imágenes retrospectivas, relatar lo que ocurrió antes.** Esta expresión en latín significa «en medio de los hechos». Las epopeyas tradicionales empiezan *in medias res*.

INTERIOR MONOLOGUE (MONÓLOGO INTERIOR)   **Técnica narrativa que registra el flujo interno de pensamientos, recuerdos e ideas de un personaje.**

INTERNAL RHYME (RIMA INTERNA)   **Rima que se presenta dentro de un verso o dentro de versos consecutivos.**

INVERSION (HIPÉRBATON)   **Inversión del orden normal de las palabras en una frase u oración.** La oración en inglés se construye normalmente así: sujeto-verbo-predicado. La oración invertida trastrueca uno o más de estos elementos. En la poesía escrita hace muchos años, los poetas solían invertir comúnmente el orden de las palabras para ajustarlas al metro o crear rimas.

En la prosa se usa el hipérbaton para dar énfasis.

IRONY (IRONÍA)   **Contraste o discrepancia entre lo esperado y la realidad, entre lo que se dice y lo que realmente se quiere decir, entre lo que se espera y lo que realmente ocurre, o entre lo que parece ser cierto y lo que realmente es.**

La ironía verbal (***verbal irony***) ocurre cuando el escritor o narrador dice algo pero quiere indicar otra cosa bastante diferente, que es a menudo lo opuesto de lo que dijo. Si le dices a tu amigo que «te encanta que te dejen esperando en la lluvia» tu expresión es una ironía verbal.

La **ironía situacional** (*situational irony*) se presenta cuando lo que realmente ocurre es lo opuesto de lo que se espera o de lo que es adecuado.

La ironía puede crear efectos poderosos que van del humor a las emociones fuertes.

La **ironía dramática** (*dramatic irony*) ocurre cuando el público en un teatro o el lector sabe algo importante que un personaje desconoce.

JOURNAL (PERIÓDICO DIARIO) **Registro diario de hechos e impresiones personales mantenido por una persona.** Este tipo de diario es menos íntimo que el **diario personal** (*diary*) y cronológicamente más estricto que una **autobiografía** (*autobiography*), la cual puede saltar al pasado y al futuro para narrar un relato coherente o destacar un tema determinado. El término *diario* se aplica también a las publicaciones periódicas con noticias o asuntos de interés actual.

KENNING (NOMBRE METAFÓRICO) **En la poesía anglosajona, una frase metafórica o una palabra compuesta utilizada para nombrar indirectamente a una persona, un lugar o un hecho.**

LITERARY BALLAD (BALADA LITERARIA) Ver *Ballad* (Balada).

LYRIC POEM (POEMA LÍRICO) **Poema que no cuenta un relato sino que expresa sentimientos o pensamientos personales del narrador.**

LYRIC POETRY (POESÍA LÍRICA) **Poesía que se concentra más en la expresión de emociones o pensamientos que en la narración de un relato.** Los poemas líricos son por lo general cortos e implican una emoción fuerte en vez de manifestarla directamente. El término *lírico* (lyric) proviene del griego. En la Grecia antigua, los poemas líricos eran recitados con el acompañamiento de un instrumento de cuerda llamado *lira*. En la actualidad los poetas todavía intentan hacer melodioso su texto lírico, pero lo hacen recurriendo más a los efectos musicales que puedan crear con las palabras (**rima** [*rhyme*], **ritmo** [*rhythm*], **aliteración** [*alliteration*] y **onomatopeya** [*onomatopoeia*]).

MAGIC REALISM (REALISMO MÁGICO) **Género creado en América Latina que yuxtapone lo cotidiano con lo maravilloso o mágico.** Los mitos, los cuentos folclóricos, las creencias religiosas y los cuentos increíbles son la materia básica del Realismo mágico.

METAPHOR (METÁFORA) **Forma de expresión por medio de la cual se hace una comparación entre dos elementos dispares sin usar palabras específicas de comparación (*como, que, o se parece a*).** Usas una metáfora al decir que «tienes la soga al cuello» o al describir a dos candidatos políticos que «van cabeza a cabeza».

Algunas metáforas son **directas** (*direct*), otras son **implícitas** (*implied*).

Una **metáfora continuada** (*extended metaphor*) es una metáfora que se ha extendido o desarrollado a lo largo de varios versos o, incluso, por todo un poema, con diversos ejemplos.

Una **metáfora muerta** (*dead metaphor*) es la que se ha vuelto tan común que la comparación ya no resulta tan vívida. Nuestro lenguaje diario está lleno de metáforas muertas, como *la manzana de la discordia* (bone of contention), *o la boca del río* (mouth of the river).

Una **metáfora mixta** (*mixed metaphor*) es la mezcla disonante de dos o más metáforas. Las metáforas mixtas no son por lo general intencionadas y hacen pensar en imágenes ridículas: «Si apuestas a ese caballo, estarás tomando el rábano por las hojas».

Ver *Conceit* (Concepto).

METAPHYSICAL POETRY (POESÍA METAFÍSICA)
Término aplicado a la obra de varios poetas del siglo XVII, que escribieron en un estilo similarmente difícil y abstracto. La poesía metafísica, intelectual y emocionalmente distante en comparación con la poesía amorosa isabelina que la precedió, se distingue por las imágenes ingeniosas y oscuras, la meditación filosófica, el metro de sonido duro y el ingenio verbal.

METER (METRO) **Medida generalmente regular de sílabas átonas y tónicas en la poesía.** Cuando se quiere indicar la métrica de un poema se marca la sílaba tónica con el símbolo ' y la átona con ˘. **Escandir (*scanning*)** es medir el verso de esta manera.

El metro se mide usando unidades llamadas pies; un **pie (*foot*)** consiste en una sílaba tónica y generalmente una o más sílabas átonas. Los pies métricos básicos usados en la poesía inglesa son el **yambo (*iamb*)** (como en *convince* [convencer]), el **troqueo (*trochee*)** (como en *borrow* [prestar]), el **anapesto (*anapest*)** (como en *contradict* [contradecir]), el **dáctilo (*dactyl*)** (como en *accurate* [exacto] y el **espondeo (*spondee*)** (como en *seaweed* [alga marina]). Un poema se describe según la clase de pie que aparece más a menudo en sus versos; así, el poema puede ser yámbico, trocaico, anapéstico, dactílico o espondaico.

La descripción completa del metro de un verso ha de indicar tanto el tipo como el número de pies que contiene. Por ejemplo, un verso de pentámetro yámbico consta de cinco yambos, mientras que un tetrámetro trocaico consta de cuatro troqueos.

METONYMY (METONIMIA) **Forma de expresión en la que algo estrechamente relacionado con una cosa o sugerido por ella se sustituye por la cosa misma.** Una figura muy relacionada con la metonimia es la **sinécdoque (*synecdoche*)** en la que una parte representa el todo, como en «el pan nuestro de cada día» ("*our daily bread*"), queriendo decir comida.

MOCK EPIC (ÉPICA BURLESCA) **Poema narrativo cómico que parodia una epopeya al tratar un tema trivial en forma elevada y grandiosa.** La épica burlesca usa un lenguaje dignificado con complicadas formas de expresión, y con una intervención sobrenatural. El estilo de la épica burlesca se llama **heroico burlesco (mock heroic)** (y las épicas burlescas breves se llaman *heroico burlescas*).

MODERNISM (MODERNISMO) **Término con el que** se alude a los nuevos y atrevidos estilos y formas experimentales que influyeron en las artes durante el primer tercio el siglo XX. El Modernismo reclamaba cambios en los temas, estilos de ficción, formas poéticas y actitudes, con la intención de poner a un lado lo «bonito» y sentimental de la poesía del siglo XIX.

MOOD Ver *Atmosphere* (Atmósfera).

MOTIF (MOTIVO) **En literatura, palabra, personaje, objeto, imagen, metáfora o idea que surge reiteradamente en una obra o en varias.** El motivo tiene casi siempre una relación importante con el **tema (*theme*)** de una obra literaria.

MOTIVATION (MOTIVACIÓN) **Motivos o fuerzas tras las acciones de un personaje.** La motivación se revela mediante una combinación de los deseos y la naturaleza moral del personaje con las circunstancias en que se encuentre.

MYTH (MITO) **Relato tradicional anónimo que sirve generalmente para explicar una creencia, una costumbre o un fenómeno natural misterioso.** La mayoría de los mitos surgieron de ritos religiosos y casi todos tienen que ver con la influencia de los dioses en asuntos humanos; tales mitos hacen que entendamos y aceptemos ciertas cosas que están fuera del control humano. Todo grupo cultural tiene su **mitología (*mythology*)** propia; pero en el mundo occidental los mitos más importantes han sido los de Grecia y Roma. En la literatura del siglo XX, las **alusiones (*allusions*)** a los mitos son a menudo **irónicas (*ironic*)** e intentan señalar hasta qué grado la humanidad se ha vuelto disminuida al compararla con las grandes figuras mitológicas.

NARRATION (NARRACIÓN) **Tipo de versión escrita u oral que relata una serie de hechos relacionados entre sí.** La narración es una de las cuatro técnicas principales utilizadas para escribir. Las otras son descripción, exposición y persuasión. La narración puede tener cualquier extensión, desde un breve párrafo hasta todo un libro. Se halla más a menudo en cuentos cortos, novelas, epopeyas y baladas. Pero la narración también se utiliza en cualquier relato sobre hechos reales que cuente una serie de acontecimientos que indiquen lo que pasó, como biografía, ensayo o información periodística, e incluso un análisis científico o un informe acerca de una reunión de negocios.

NARRATIVE (NARRATIVA) **Forma de discurso que relata una serie de acontecimientos.** Es utilizada en todo tipo de literatura: ficción, relatos de hechos reales y poesía. Generalmente, una narrativa es presentada en **orden cronológico (*chronological order*)**, es decir, en el orden en que sucedieron los hechos.

NARRATOR (NARRADOR) **Quien cuenta o narra un relato.** En la ficción, el narrador ocupa alguna de las varias relaciones con los hechos descritos: desde ser el centro de la acción hasta ser un observador distante e incluso objetivo. Un narrador también puede ser confiable, o no. Si no es de confiar, el lector se entera de que la percepción e interpretación que el narrador tiene de la acción son diferentes de las del autor.

NATURALISM (NATURALISMO) **Movimiento literario del siglo XIX que fue una extensión del Realismo y que aseguraba presentar la vida tal cual era.** Los naturalistas se basaban principalmente sobre los nuevos campos de la sicología y la sociología, y tendían a examinar objetivamente el comportamiento humano, como un científico diseca un espécimen en el laboratorio. Los naturalistas estaban bajo la influencia de las teorías darwinianas sobre la supervivencia del más fuerte, y creían que el comportamiento humano está determinado por la herencia y el medio ambiente; consideraban que la gente carecía de recursos ante las fuerzas sobrenaturales y que los humanos, lo mismo que los animales, están sujetos a las leyes de la naturaleza, fuera de su control.

NEOCLASSICISM (NEOCLASICISMO) **Resurgimiento de las normas y formas clásicas a fines del siglo XVII y durante el XVIII.** Los neoclásicos valoraban los ideales clásicos de orden, razón, equilibrio, armonía, claridad y mesura.

NONFICTION (NARRATIVA DE HECHOS REALES) **Escritos en prosa que tratan sobre personas, cosas, hechos y lugares reales.** La **autobiografía (*autobiography*)** y la **biografía (*biography*)** son las formas más populares de narrativa de hechos reales. Los ensayos, relatos periodísticos, artículos de revistas, escritos históricos, informes científicos y hasta los diarios personales y las cartas también son ejemplos de este tipo de obras.

NOVEL (NOVELA) **Extenso relato imaginativo en prosa, que habitualmente puede tener más de 50,000 palabras.** En la novela se utilizan los mismos elementos literarios básicos del cuento corto: **trama (*plot*), personajes (*characters*), escenario (*setting*), tema (*theme*) y puntos de vista del narrador (*points of view*).** La extensión de la novela permite generalmente que estos elementos se desarrollen más que en el cuento corto, aunque esto no siempre es aplicable a la novela moderna, pues algunas son simplemente estudios de personajes con tramas estructuradas de la forma más simple; otras novelas revelan poco acerca de los personajes, concentrándose más bien en el escenario o destacando el tono o, incluso, enfatizando el lenguaje de la obra.

OBJECTIVE CORRELATIVE (CORRELATIVO OBJETIVO) **Objeto, situación o serie de hechos que sirve de fórmula para una emoción específica.**

OCTAVE (OCTAVA) **Estrofa o poema de ocho versos, o los primeros ocho versos de un soneto italiano o petrarquiano.** La rima usual de la octava en este tipo de soneto es *abbaabba*. La octava, llamada algunas veces **octeto (*octet*)**, antecede al **sexteto (*sestet*)** con el esquema de rima *cdecde* o *cdcdcd*.

ODE (ODA) **Poema lírico complejo y generalmente extenso sobre un tema serio.** En la poesía inglesa hay básicamente dos tipos de odas: una es muy formal y de estilo digno, y se escribe generalmente para ceremonias u ocasiones públicas; la otra es mucho más personal y reflexiva.

ONOMATOPOEIA (ONOMATOPEYA) **Uso de palabras cuyos sonidos imitan o sugieren lo que significan.** En poesía, la onomatopeya puede reforzar el significado mientras crea efectos musicales y evocativos.

OTTAVA RIMA (OCTAVA REAL) **Estrofa de ocho versos en pentámetro yámbico que riman *ababababcc*.** Esta forma se desarrolló en Italia y fue popularizada en el siglo XIV por Giovanni Boccaccio.

OXYMORON (OXÍMORON) **Forma de expresión que combina ideas aparentemente contradictorias o disonantes.** «Agridulce» (*"bitter-*

sweet»), «cruel amabilidad» (*"cruel kindness"*) y «silencio elocuente» (*"eloquent silence"*) son ejemplos de oxímoros.

PARABLE (PARÁBOLA)   **Relato alegórico breve que brinda una lección moral o religiosa acerca de la vida.** En la literatura occidental, las parábolas más famosas son las de Jesús en los Evangelios de la Biblia.

PARADOX (PARADOJA)   **Aparente contradicción que es realmente cierta.** Una paradoja puede ser una declaración o una situación; si es una declaración, entonces es una forma de expresión.

PARALLELISM (PARALELISMO)   **Repetición de palabras, frases u oraciones con la misma estructura gramatical, o que plantean una idea similar.** El paralelismo se usa a menudo en géneros literarios destinados a ser leídos en voz alta, como poesía, drama y discursos, porque ayuda a que las frases resulten emotivas, rítmicas y fáciles de recordar. También es una de las técnicas más importantes en la poesía bíblica.

PARALLEL STRUCTURE (ESTRUCTURA PARALELA) **(llamada también** *Paralelismo* [Parallelism]**) Repetición de palabras o frases con estructuras gramaticales similares.**

PARODY (PARODIA)   **Obra literaria, artística o musical que se burla de otra al imitar algún aspecto del estilo del autor, para divertir o instruir.** Generalmente, las parodias exageran en forma humorística ciertos rasgos de la obra original.

PASTORAL (PASTORIL)   **Tipo de poema que representa la vida rústica de manera idílica e idealizada.** Originalmente, los poemas pastoriles eran acerca de pastores, de ninfas y de la vida rústica. En la actualidad, el término tiene un significado más amplio y se refiere a cualquier poema que represente un escenario rural idílico o que exprese nostalgia por otros tiempos, o por un sitio donde hubo una inocencia perdida.

PERSONIFICATION (PERSONIFICACIÓN)   **Forma de expresión en la que se asignan sentimientos, pensamientos o actitudes humanas a un objeto o a un animal.**

PERSUASION (PERSUASIÓN)   **Una de las cuatro formas de discurso que usa la razón y factores emocionales para convencerle al lector de que piense o actúe de cierta manera.** Se encuentran ejemplos de textos persuasivos en los editoriales de los periódicos, en discursos y en muchos ensayos y artículos. En la persuasión se puede usar un lenguaje que apele a las emociones o se puede usar la lógica para atraer la razón. Cuando el texto persuasivo interesa la razón y no las emociones, se llama **argumento** (*argument*).

PLAIN STYLE (ESTILO LLANO)   **Manera de escribir que hace énfasis en la simplicidad y claridad de expresión.** Este estilo era el favorito de la mayoría de los escritores puritanos, quienes evitaban la ornamentación innecesaria en todos los aspectos de su vida, incluyendo el ritual eclesiástico. El estilo llano se caracteriza por frases simples, palabras comunes, y declaraciones directas y claras, evitando complicadas imágenes y formas de expresión.

PLOT (TRAMA)   **Serie de hechos relacionados entre sí que conforman un relato o drama.** La trama es la estructura básica de un relato. La mayoría de las tramas tienen estos elementos simples: una **situación básica** (*basic situation*) o **exposición** (*exposition*) que nos dice quiénes son los personajes y generalmente cuál es el principal **conflicto** (*conflict*). A partir de esta situación básica surgen las **complicaciones** (*complications*) que intensifican el conflicto. El **suspenso** (*suspense*) aumenta hasta llegar al **clímax** (*climax*) —el momento más tenso o emocionante de la trama— cuando ocurre algo que determina el resultado del conflicto. Por último, todos los problemas o misterios de la trama se aclaran en el **desenlace** (*resolution, denouement*).
  Ver también *Climax* (Clímax).

POETRY (POESÍA)   **Tipo de lenguaje rítmico comprimido que usa formas de expresión e imágenes para atraer las emociones e imaginción del lector.** La poesía se presenta generalmente en versos, y sigue una norma rítmica regular en la que puede haber una combinación de rimas. El **verso libre** (*free verse*) es un tipo de poesía que no sigue una norma rítmica regular o de rimas, aunque se presenta por lo general en versos. Las principales formas poéticas son la **lírica** (*lyric*), la **narrativa** (*narrative*), la **épica** (*epic*) y la **balada** (*ballad*).

POINT OF VIEW (PUNTO DE VISTA DEL NARRADOR) **Posición ventajosa desde la cual el escritor narra un relato.** Los tres puntos de vista más comunes son: la **narración en primera persona** (*first-*

person), **la narración en tercera persona** (*limited third-person*) y el **omnisciente en tercera persona** (*omniscient third-person*).

En **la narración en primera persona** (*first-person point of view*) el narrador es uno de los personajes del relato y, usando el pronombre personal *yo*, cuenta sus propias experiencias sin poder revelar los pensamientos privados de ningún otro personaje. Cuando leemos un relato en primera persona, sólo podemos saber y observar lo que esta persona sabe y observa. Probablemente tengamos que interpretar lo que este narrador relata, ya que esta primera persona puede no ser objetiva, honesta ni perceptiva.

En **la narración en tercera persona** (*third-person limited point of view*), el narrador está fuera del relato —como un narrador omnisciente— pero lo narra desde el punto de vista de un solo personaje. El narrador puede penetrar en la mente del personaje escogido, pero no puede decir lo que los otros personajes piensan, excepto mediante la observación. Este narrador sólo puede ir adonde vaya el personaje escogido.

En el **punto de vista omnisciente** (*omniscient point of view* —el que todo lo sabe), el narrador lo sabe todo sobre los personajes y sus problemas. Este narrador sabelotodo está fuera del relato y se comporta como un dios que nos dice todo lo que los personajes piensan y sienten, así como lo que ocurre en cualquier momento del relato.

POSTMODERNISM (POSTMODERNISMO) **Término con el que se describe la tendencia prevaleciente en las artes desde 1945.** Las obras literarias postmodernistas experimentan típicamente con formas no tradicionales, y permiten significados múltiples. La división entre lo real y lo imaginario a menudo no es clara, como tampoco lo es el límite entre la ficción y la narrativa de hechos reales. Otras características de la literatura postmodernista son la diversidad cultural y una cierta inseguridad informal, que es una aceptación de que la literatura no es un espejo que refleja el mundo con precisión, sino un mundo creado, en sí mismo.

PROTAGONIST (PROTAGONISTA) **Personaje principal de una obra, ya sea de ficción, de obras teatrales o poesía narrativa.** El protagonista es el personaje en quien concentramos la atención, pues es la persona cuyo conflicto pone la trama en marcha. (El personaje o fuerza que obstruye al protagonista es el **antagonista** [*antagonist*]). La mayoría de los protagonistas son personajes bien **formados** (*rounded*), **dinámicos** (*dynamic*), que cambian de alguna forma importante al final del relato. Sean cuales sean las debilidades del protagonista, generalmente nos identificamos con él o ella, y nos preocupamos por el desenlace.

PROVERB (PROVERBIO) **Declaración breve, ingeniosa y bien conocida que expresa una verdad o experiencia común.**

PUN (RETRUÉCANO) **Juego de palabras que se basa en el sentido múltiple de una o de dos palabras con sonido similar pero con significados distintos.** Los retruécanos se utilizan a menudo con fin humorístico, pero a veces son un elemento serio en la poesía.

QUATRAIN (CUARTETO) **Estrofa o poema de cuatro versos, o grupo de cuatro versos unificados por un esquema rítmico.**

REALISM (REALISMO) **En literatura y arte, la intención de representar a las personas y las cosas como son en realidad, sin idealizarlas.** El Realismo es un movimiento que se desarrolló a mediados del siglo XIX como una reacción contra el Romanticismo. Los escritores realistas consideraban que la ficción debía representar fielmente la dura realidad diaria de la vida, sin idealizarla ni adornarla con sentimentalismos.

REFRAIN (ESTRIBILLO) **Sonido, palabra, frase, línea, verso o grupo de versos repetidos.** Aunque los estribillos se usan más corrientemente en poesía y en canciones, algunas veces se usan también en prosa, especialmente en discursos. Los estribillos sirven a menudo para crear ritmo, aumentar el suspenso o dar énfasis a palabras o ideas importantes.

REGIONALISM (REGIONALISMO) **Literatura que destaca un escenario geográfico específico y que reproduce el lenguaje, el comportamiento y las actitudes de quienes lo habitan.**

RESOLUTION (DESENLACE) **La conclusión de un relato, cuando todos o la mayoría de los conflictos han quedado resueltos.**
Ver también *Plot* (Trama).

RHETORICAL QUESTION (PREGUNTA RETÓRICA) **Pregunta que se hace por efectismo, sin que realmente se requiera una respuesta.** Este tipo de pregunta supone que el público está de acuerdo con el narrador respecto a la respuesta.

RHYME (RIMA) **Repetición de sonidos vocálicos tónicos y de todos los sonidos que los siguen en palabras que están próximas entre sí en un poema.** *Razón* y *corazón* son rimas, lo mismo que *mucho* y *ducho*. El tipo más común es la **rima externa (*end rhyme*)**, que se observa al final de los versos. La **rima interna (*internal rhyme*)** ocurre dentro de los versos.

Cuando las palabras tienen sonidos similares pero no riman exactamente, hablamos de **rimas imperfectas** o **asonantes (*approximate rhymes, half rhymes, slant rhymes, imperfect rhymes*)**.

El **esquema de rimas (*rhyme scheme*)** es la representación en letras de la forma en que rima un poema; cada nueva rima es identificada con una letra diferente.

Ver también *Internal Rhyme* (Rima interna), *Rhythm* (Ritmo), *Slant Rhyme* (Rima imperfecta).

RHYTHM (RITMO) **Alternación de sílabas tónicas y átonas en el lenguaje.** El ritmo se presenta naturalmente en todas las formas del lenguaje, tanto habladas como escritas. El tipo de ritmo más obvio es el producido por el **metro (*meter*)**, la repetición regular de sílabas tónicas y átonas que encontramos en algunas formas poéticas. Pero el escritor también puede crear ritmos menos estructurados con rimas, repeticiones, pausas y variaciones en la extensión de los versos, o al equilibrar palabras o frases largas y cortas. (La poesía escrita sin metro ni rima regulares se llama **verso libre [*free verse*]**).

Ver también *Cadence* (Cadencia), *Free verse* (Verso libre), *Meter* (Metro), *Rhyme* (Rima).

RISING ACTION (ACCIÓN ASCENDENTE) Ver *Climax* (Clímax).

ROMANCE (ROMANCE) **Históricamente, narrativa versificada medieval que relata las aventuras de un valiente caballero u otro héroe, que debe emprender una búsqueda y superar peligros por amor a una noble dama o por un alto ideal.** Tal personaje heroico se rige por el código de **caballería (*chivalry*)**, que le impone lealtad a su señor y estar dispuesto a ayudar a los oprimidos. El caballero también debe aceptar la filosofía del **amor cortesano (*courtly love*)**, un concepto idealizado de la relación entre los sexos, en que el caballero lleva a cabo proezas para obtener la aprobación de su dama.

En la actualidad, el *romance* ha venido a significar cualquier relato que presente un mundo más feliz, más fascinante o más heroico que el real. Los personajes de los romances «viven felices» en un mundo donde el bien siempre triunfa sobre el mal. Muchas de las novelas, películas, programas televisivos y hasta dibujos animados más populares de esta época son esencialmente romances.

ROMANTICISM (ROMANTICISMO) **Movimiento literario, artístico y filosófico desarrollado a fines del siglo XVIII y principios del XIX en reacción al Neoclasicismo.** Mientras que el Clasicismo y el Neoclasicismo hacen énfasis en la razón, el orden, la armonía y la moderación, el Romanticismo destaca la emoción, la intuición, la libertad, la experiencia personal, la belleza de la naturaleza, lo primitivo, lo exótico y hasta lo grotesco. No obstante, muchos críticos consideran que la oposición tradicional entre Romanticismo y Clasicismo es muy a menudo exagerada y forzada.

RUN-ON LINE (ENCABALGAMIENTO) **Verso que no contiene pausa o conclusión al final, sino que continúa en el verso o línea siguiente.** Estos versos obligan al lector a leer la línea siguiente, pues sólo así forman una unidad gramatical y tienen sentido. Tales versos presentan lo que se conoce como **encabalgamiento (*enjambment*)**.

SARCASM (SARCASMO) **Forma aguda de ironía, en la que se usa burlonamente el elogio para indicar el significado opuesto.** El tono de voz del narrador puede ser también una clave importante para comprender este tipo de ironía.

SATIRE (SÁTIRA) **Texto que ridiculiza la debilidad, el vicio o la tontería de las personas con la intención de producir un cambio o una reforma social.** La sátira a menudo trata de persuadir al lector de hacer o creer en algo al mostrarle el punto de vista opuesto como algo absurdo, o hasta perverso e inhumano.

SCANNING (ESCANDIR) **Análisis de un poema**

para determinar su metro. Cuando escandes un poema describes el modelo de sílabas acentuadas y átonas de cada verso.

Ver también *Iambic Pentameter* (Pentámetro yámbico), *Meter* (Metro).

SCANSION (ESCANDEO)   Ver *Meter* (Metro).

SESTET (SEXTETO)   **Estrofa o poema de seis versos, o los últimos seis versos de un soneto italiano o petrarquiano.** El esquema de rimas del sexteto en un soneto italiano es *cdecde* o *cdcdcd*, y sigue a los ocho versos de la octava que riman en *abbaabba*.

SETTING (ESCENARIO)   **Tiempo y lugar de un relato u obra teatral.** Muy a menudo se da a conocer el escenario desde el principio del relato, y puede aparecer inmediatamente por medio de detalles descriptivos. Frecuentemente, el escenario contribuye en gran medida al efecto emocional del relato, y puede tener un papel importante en el conflicto del mismo. Dos de los aspectos más importantes del escenario son revelar rasgos del personaje y sugerir un tema.

Ver también *Atmosphere* (Atmósfera).

SHORT STORY (CUENTO CORTO)   **Obra breve de ficción.** La trama de un cuento corto es por lo general más simple que la de una **novela (*novel*)** y a menudo describe al personaje en momentos significativos o **epifanías (*epiphanies*)**, en vez de hacerlo por acumulación de hechos o con descripciones detalladas.

SIMILE (SÍMIL)   **Forma de expresión que establece una comparación entre dos elementos aparentemente dispares conectados por un comparativo (*que, se parece a, como*).**

Un **símil épico (*epic simile*)**, llamado también **símil homérico (*Homeric simile*)**, es un símil continuado en el que se presentan muchos paralelismos entre dos cosas distintas.

Ver también *Figure of Speech* (Forma de expresión), *Metaphor* (Metáfora).

SLANT RHYME (RIMA IMPERFECTA)   **Sonido rítmico que no es exacto.** *Follow* (seguir)/*fellow* (compañero) y *mystery* (misterio)/*mastery* (maestría) son ejemplos de rima imperfecta o aproximada.

Ver también *Rhyme* (Rima).

SOLILOQUY (SOLILOQUIO)   **Parlamento o discurso extenso en el que un personaje en una obra teatral, que por lo general se encuentra solo en escena, expresa sus pensamientos y sentimientos privados.** El soliloquio se diferencia de un monólogo en que el orador parece estar pensando en voz alta, no dirigiéndose a un oyente.

SONNET (SONETO)   **Poema lírico de catorce versos, escrito generalmente en pentámetro yámbico, que sigue uno de los varios esquemas de rimas.** Hay dos principales clases de sonetos.

La forma más antigua es el **soneto italiano (*Italian sonnet*)**, llamado también **soneto petrarquiano (*Petrarchan sonnet*)** en honor al poeta italiano del siglo XIV Petrarca, quien lo popularizó. El soneto petrarquiano se divide en dos partes: una **octava (*octave*)** que rima en *abbaabba* y un **sexteto (*sestet*)** que rima en *cdecde* o en *cdcdcd*. Generalmente, la octava presenta un problema, hace una pregunta o expresa una idea que se resuelve, se contesta o se aclara en el **sexteto.**

La otra forma importante de sonetos, ampliamente usada por Shakespeare, es el **soneto shakespeariano (*Shakespearean sonnet*)** o **soneto inglés (*English sonnet*)**, que tiene tres unidades de cuatro versos, o **cuartetos (*quatrains*),** seguidos de una unidad final de dos versos, o **pareado (*couplet*).** La organización de ideas del soneto shakespeariano corresponde generalmente a su estructura. Los tres cuartetos expresan a menudo ideas o ejemplos relacionados entre sí, mientras que el pareado resume la conclusión o el mensaje del poeta. El esquema de rima más común del soneto shakespeariano es *abab cdcd efef gg*.

La tercera clase de sonetos, el **soneto spenseriano (*Spenserian sonnet*)**, fue ideada por Edmund Spenser. Lo mismo que el shakespeariano, el soneto spenseriano se divide en tres cuartetos y un pareado, pero tiene una rima que enlaza los cuartetos: *abab bcbc cdcd ee*.

Cuando se presenta un grupo de sonetos sobre un tema dado se le llama **secuencia sonetística (*sonnet sequence*)** o **ciclo de sonetos (*sonnet cycle*)**.

SOUND EFFECTS (EFECTOS SONOROS)   **Uso de palabras similares a sonidos para crear efectos literarios específicos.** El escritor se vale del **ritmo (*rhythm*)**, la **rima (*rhyme*)**, el **metro (*meter*)**, la **aliteración (*alliteration*)**, la **onomatopeya (*onomatopoeia*)**, la **asonancia (*assonance*)**, la **consonancia (*consonance*)** y la **repetición (*repetition*)** para hacer que los sonidos de una obra transmitan y mejoren el mensaje.

SPEAKER (NARRADOR)   **Voz imaginaria o personaje asumido por el autor de un poema.** Esta voz a menudo no se identifica directa o indirectamente; poco a poco, el lector llega a entender que habla una voz especial y que las características de este narrador deben interpretarse a medida que se revelan. Este proceso es una parte especialmente importante en la lectura de un **poema lírico (*lyric poem*).**

SPENSERIAN STANZA (ESTROFA SPENSERIANA)
Estrofa de nueve versos que riman en
ababbcbcc. Los primeros ocho versos de la estrofa
son un pentámetro yámbico, y el noveno verso es
un **alejandrino (*alexandrine*),** es decir, un
hexámetro yámbico.

SPONDEE (ESPONDEO) **Pie métrico que consiste
en dos sílabas tónicas.** Los pies espondaicos se
usan raramente en forma extensa a causa del sonido
«tan-tan» que producen, aunque los poetas los
utilizan a veces para producir un cambio breve de
un tono yámbico o trocaico, o para dar énfasis.

SPRUNG RHYTHM (RITMO SALTADO) **Expresión
creada por Gerard Manley Hopkins para indicar
el uso poco convencional que hace de la métrica
poética.** En vez del **metro (*meter*)** regular y
musical de la mayor parte de la poesía, Hopkins se
vale de sonidos que impiden la lectura de corrido y
que son eco de la poesía anglosajona, que tanto lo
influyó. El ritmo saltado se basa en sílabas tónicas
en un verso sin considerar el número de átonas; en
este estilo también se usan frecuentemente
aliteraciones (*alliterations*) y sintaxis invertida.

STANZA (ESTROFA) **Grupo de versos consecutivos
de un poema que forman una sola unidad.** La
estrofa de un poema es como el párrafo en la prosa:
frecuentemente expresa un grupo de ideas. La
estrofa puede tener varios versos o simplemente
uno. La palabra *stanza* procede de la lengua italiana
y significa «lugar para hacer una pausa» o «lugar de
reposo».

STEREOTYPE (ESTEREOTIPO) **Idea o concepto fijo
de un personaje o una idea que no acepta
ninguna individualidad y a menudo se basa en
prejuicios religiosos, sociales o raciales.** Los
estereotipos se usan con frecuencia en comedias y
melodramas, siendo reconocidos inmediatamente
por el público, lo que hace innecesaria su completa
caracterización.

**STREAM OF CONSCIOUSNESS (MONÓLOGO
INTERIOR)** **Estilo de escribir que presenta el
flujo casual de pensamientos, emociones,
recuerdos y asociaciones que pasan en tropel
por la mente de un personaje.** La expresión
monólogo interior (interior monologue) se
intercambia a menudo con «flujo de conciencia
("stream of consciousness").

STYLE (ESTILO) **Forma distintiva en que el
escritor o el narrador utiliza el lenguaje.** El estilo
está relacionado estrechamente con la **dicción
(*diction*)** o elección de palabras y, dependiendo de
lo que el autor quiera comunicar, puede ser formal

o informal, llano o florido, abstracto o concreto, así
como cómico, poético, vigoroso, periodístico, etc.
Ver también *Diction* (Dicción).

SURREALISM (SURREALISMO) **Movimiento
artístico y literario iniciado en Europa en la
década de 1920. Los surrealistas querían
reemplazar el Realismo convencional con la
expresión plena de la mente subconsciente, a la
que consideraban más real que el mundo «real»
de las apariencias.** Bajo la influencia de las teorías
sicoanalíticas de Sigmund Freud, los surrealistas
procuraban no censurar las imágenes procedentes
de sus sueños ni imponer conexiones lógicas a tales
imágenes, lo que dio como resultado una
sorprendente combinación de realidad «interna» y
«externa», o «suprarrealidad».

SUSPENSE (SUSPENSO) **Incertidumbre o ansiedad
que sentimos acerca de lo que va a ocurrir en un
relato.** El escritor crea a menudo suspenso al
ofrecer detalles o claves de que algo –especialmente
algo malo– va a pasar.

SYMBOL (SÍMBOLO) **Persona, lugar, cosa, o hecho
que representa a sí mismo y a algo más.** Muchos
símbolos son conocidos ampliamente: un león es
un símbolo de poder, una paloma es un símbolo de
paz. Estos símbolos establecidos se denominan
símbolos públicos (*public symbols*), pero el
escritor crea constantemente símbolos nuevos y
personales cuyo significado revela en su obra.

SYMBOLISM (SIMBOLISMO) **Movimiento literario
que se inició en Francia a fines del siglo XIX y
que abogaba por el uso de símbolos muy
personales para sugerir ideas, emociones y
estados de ánimo.** Los simbolistas franceses creían
que las emociones son fugaces, individuales y
esencialmente inexpresables y que por lo tanto, el
poeta debe sugerir el significado en vez de
expresarlo directamente.

SYNAESTHESIA (SINESTESIA) **En literatura,
término usado para describir una clase de
sensación en términos de otra.** Por ejemplo, el
color puede aparecer descrito como sonido (un
amarillo «chillón»), el sonido como gusto (sonido
«dulce»), el aroma como algo tangible (olor
«cortante»), etc.

SYNECDOCHE (SINÉCDOQUE) **Forma de expresión
en la que una parte representa el todo.** Por
ejemplo, se alude a la capital de una nación como
si fuera el gobierno: «Washington y Teherán
aseguran tener apoyo popular en sus decisiones».
Ver también *Metonymy* (Metonimia).

TALL TALE (HISTORIA INCREÍBLE) Tipo de literatura folclórica caracterizada por exageraciones humorísticas y detalles de tramas extravagantes.

TERCET (TERCETO) Estrofa de tres versos en la que cada verso concluye con la misma rima. También es una de las estrofas de tres versos que forman el sexteto de un **soneto** (*sonnet*).

TERZA RIMA Estrofa interconectada de tres versos que riman *aba bcb cdc ded* y así sucesivamente.

THEME (TEMA) Idea central o revelación en una obra de literatura. El tema no es lo mismo que el sujeto, pues éste se puede expresar generalmente en una o dos palabras: vejez, amor tardío, ambición. El tema es la idea o mensaje que el escritor desea transmitir *acerca* del sujeto, es decir, la forma en que el escritor ve el mundo o cómo revela algo sobre la naturaleza humana.

El tema también puede diferir de la **moraleja** (*moral*), que es una lección o norma sobre cómo vivir.

Si bien algunos relatos, poemas y otras obras tienen temas manifestados expresamente, la mayoría de los temas son **implícitos** (*implied*). Muy a menudo, el lector tiene que pensar en todos los elementos que el autor presenta y usarlos para captar el significado completo de la obra.

TONE (TONO) Actitud que el escritor adopta hacia el lector, un sujeto o un personaje. El escritor comunica el tono por medio de las palabras y detalles que escoge.

TRAGEDY (TRAGEDIA) Obra escénica, novela u otra narración que trata de un tema serio y de hechos importantes en los que el personaje principal tiene un final desdichado. En la tragedia, el personaje principal es generalmente solemne y valeroso y, a menudo, de alto rango. La perdición del héroe puede ser consecuencia de un **defecto trágico** (*tragic flaw*) –un error de juicio o carácter débil–, o de fuerzas fuera de su control. El **héroe o la heroína trágicos** (*tragic hero*) adquieren casi siempre conocimiento y sabiduría aunque sufran derrotas y lleguen a morir. La tragedia es diferente de la **comedia** (*comedy*), en la que generalmente un personaje común supera obstáculos para obtener lo que desea.

TRASCENDENTALISM (TRASCENDENTALISMO) **Movimiento del siglo XIX en Estados Unidos, en la tradición romántica, que sostenía que todo individuo puede alcanzar la máxima verdad mediante la intuición espiritual, la cual trasciende la razón y la experiencia de los sentidos.** El movimiento transcendental se centró en Concord, Massachusetts, donde vivían sus principales exponentes, Ralph Waldo Emerson y Henry David Thoreau. Los conceptos básicos de los trascendentalistas eran: 1) la creencia de que Dios está presente en todos los aspectos de la naturaleza, incluyendo cada ser humano; 2) la convicción de que el individuo es capaz de aprehender a Dios mediante la intuición; 3) la creencia de que toda la naturaleza simboliza el espíritu. Un corolario de estas creencias fue la visión optimista del mundo considerando que el bien y el mal no existen.

TROCHEE (TROQUEO) **Pie métrico compuesto de una sílaba tónica seguida de una átona, como en la palabra *taxi*.** El troqueo, que es lo opuesto del yambo, se usa algunas veces para variar el ritmo yámbico.

Ver también *Foot* (Pie), *Iamb* (Yambo), *Meter* (Metro), *Spondee* (Espondeo).

TURN (SEXTETO) Ver *Sonnet* (Soneto).

TURNING POINT (PUNTO DECISIVO) Ver *Climax* (Clímax).

UNDERSTATEMENT (ATENUACIÓN, SUBESTIMACIÓN) **Forma de expresión que consiste en expresar menos de lo que se quiere dar a entender, o decirlo con menos énfasis que lo requerido.** La atenuación es lo opuesto de la **hipérbole** (*hyperbole*) y es una forma de **ironía** (*irony*).

Ver también *Hyperbole* (Hipérbole), *Irony* (Ironía).

VERNACULAR (LENGUA VERNÁCULA) **Lenguaje hablado por la gente que vive en una zona determinada.** El escritor regionalista procura captar la lengua vernácula de su región.

Ver también *Dialect* (Dialecto).

VILLANELLE (VILLANELA) **Poema de 19 versos dividido en cinco tercetos (estrofas de tres versos), con una rima en *aba*, y un cuarteto final con rima en *abaaa*.** El verso 1 se repite completamente para formar los versos 6, 12 y 18; mientras que el 3 se repite en los versos 9, 15 y 19. De tal modo, sólo hay dos rimas en el poema, y los dos versos usados como **estribillos (*refrains*)** quedan en pares al final del pareado. La villanela se originó en la poesía pastoril francesa.

WIT (INGENIO) **Cualidad del lenguaje hablado o escrito que combina la habilidad verbal con una percepción aguda, especialmente de lo extraño.** La definición de *ingenio* (wit) ha sufrido drásticos cambios a través de los siglos. En la Edad Media significaba «sentido común» ("common sense"); en el Renacimiento, «inteligencia» ("intelligence"); y en el siglo XVII significó «ideas originales» ("originality of thought"). El significado moderno de *ingenio* (wit) empezó a desarrollarse en el siglo XVIII.

RESPUESTAS

LAS COLECCIONES DE CUENTOS CORTOS

Colección 1: Enfrentarse a los monstruos

La presa de caza más peligrosa, p. 2

REVISIÓN:

(Las respuestas pueden variar.)

a. Respuestas posibles: Los seres humanos son la presa de caza más peligrosa; todo juego que ponga en grave peligro la vida humana o que enfrente a un ser humano contra otro.

b. Al principio Zaroff quiere un experto cazador como compañero. Después, está complacido de tener una presa que le supone un desafío.

c. El primer día Rainsford apenas logra escapar de Zaroff. El segundo día construye una trampa malaya cazahombres que le provoca heridas a Zaroff, una trampa birmana para cazar tigres, en la que muere uno de los perros de Zaroff, y una trampa ugandesa de cuchillos, que le causa la muerte a Iván. Como último recurso, se arroja desde lo alto de la fortaleza a las traicioneras olas del mar.

d. El conflicto es externo; es una cacería de vida o muerte. Se resuelve cuando Rainsford llega nadando hasta la orilla, se oculta en el dormitorio de Zaroff y posiblemente lo mata.

ORGANIZADOR GRÁFICO:

(Las respuestas variarán. A continuación damos algunos ejemplos de respuestas.)

ALTO—Rainsford mata al general Zaroff. Después de darle muerte Rainsford se queda en la isla y descansa durante una semana. Después empieza a cazar animales para comida y por deporte.

CEDA EL PASO—Rainsford permite al general Zaroff que siga con vida. Le amarra. Se comunica con las autoridades y lo entrega.

1. *Rainsford mata al general Zaroff.*
Creo que Rainsford mata al general Zaroff, asume su identidad y se queda en la isla. Pero en lugar de cazar hombres caza animales, por lo menos hasta que se acostumbra y llega a aburrirse. Yo creo que entonces recuerda sus conversaciones con el general Zaroff, acaba sobreponiéndose a sus escrúpulos y empieza a cazar a seres humanos, por razones similares a las que le dio el general Zaroff cuando ambos se conocieron.

Rainsford le permite vivir al general Zaroff.
Creo que Rainsford amarraría al general Zaroff y lo entregaría a las autoridades en la primera oportunidad que tuviera. Rainsford le advirtió a Zaroff que revelaría a otra gente lo que había sucedido en la isla. Rainsford estaba horrorizado por el afán de Zaroff por aumentar sus trofeos cazando a seres humanos. Rainsford se quedaría como el nuevo dueño de la isla, para asegurarse de que esta clase de «deporte» nunca volviera a repetirse.

2. El general Zaroff le habría permitido vivir a Rainsford sin tratar de cazarlo, si Rainsford hubiera sido su compañero de caza. Durante la cena, el general Zaroff parece disfrutar de la compañía de Rainsford. El general también parece estar impresionado por el libro de Rainsford sobre la caza del leopardo blanco. Después de pedirle repetidas veces que cace con él, parece decepcionado por su negativa. Creo que dado que Zaroff se encuentra solo y respeta a Rainsford, le habría permitido vivir sin tratar de cazarlo si éste hubiera mostrado más cooperación y compañerismo.

Veneno, p. 5

REVISIÓN:

(Las respuestas pueden variar.)

a. Harry está despierto pero inmóvil; susurra de forma lenta y deliberada; le ordena a Timber que se quite los zapatos y le advierte que no toque la cama.

b. Cuando Harry le dice a Timber que hay una serpiente Krait dormida sobre su estómago.

c. El doctor Ganderbai le administra un suero; después echa cloroformo debajo de la sábana; también tiene preparados un bisturí y un torniquete por si falla el cloroformo.

d. No se encuentra ninguna serpiente.

e. Harry le llama al doctor «pequeña rata de alcantarilla», y utiliza epítetos racistas.

ORGANIZADOR GRÁFICO:

(Las respuestas variarán. A continuación damos algunas guías para las respuestas.)

Lo indicado a la izquierda de la serpiente debería expresar el miedo de Harry. Lo de la derecha también podría reflejar su miedo, pero debería incluir emociones como azoramiento, odio e ira.

Harry al comienzo de la narración: El estudiante podría mencionar las insistentes y susurradas súplicas de Harry, así como descripciones físicas como el tic nervioso en la boca y la transpiración en la cara. El inicial estado de ánimo de Harry se caracteriza por el miedo.

Harry al final de la narración: El estudiante podría mencionar la humillación de Harry porque no había ninguna serpiente, su indignación cuando el doctor Gardenbai le hace preguntas, y su uso de epítetos racistas para disimular su vergüenza. El estado de ánimo de Harry al final del cuento se caracteriza por la vergüenza y la rabia.

1. El estudiante debe señalar que la serpiente de la derecha incluye un mayor número de emociones y es más compleja, debido al final sorprendente de la narración.

2. El estudiante debe caracterizar el estado de ánimo de Harry, tanto al comienzo como al final de la selección, y respaldar las contestaciones con por lo menos dos ejemplos de la narración.

Los intrusos, p. 8

REVISIÓN:

(A contiuación damos un ejemplo del diagrama del cuento.)

Personajes: Ulrich von Gradwitz, George Znayem.

Escenario: Un bosque en los Montes Cárpatos.

Conflicto externo: Entre Ulrich y George, entre dos hombres y la naturaleza.

Conflicto interno: Los dos hombres mantienen una lucha interna sobre cómo acabar con su enemistad.

Hechos principales: Ulrich y George se encuentran; están atrapados bajo un árbol; Ulrich le ofrece a George un poco de vino; acaban con su disputa y se vuelven amigos; juntos piden socorro; los lobos se les aproximan.

Clímax y desenlace: El conflicto entre estos hombres alcanza su clímax cuando deciden dar por terminada su enemistad, y se resuelve cuando piden auxilio; el conflicto entre ellos y la naturaleza alcanza el clímax cuando Ulrich se da cuenta de que las figuras son lobos, y esto queda sin resolver cuando el cuento termina.

ORGANIZADOR GRÁFICO:

(Las respuestas variarán. A continuación damos algunas guías para las respuestas.)

Enemigos: la enemistad se ha mantenido durante generaciones, dos hombres se detestan, se desean lo peor, ansían la sangre uno del otro, quieren que la desgracia caiga sobre el otro, tienen el odio y el crimen en sus corazones y en sus mentes, creen que el otro debería morir, están dispuestos a resolver su disputa en lucha a muerte, abiertamente desean la muerte y la condena eterna del otro, pelean ferozmente, cada uno ruega que sus propios hombres lleguen primero para matar a su enemigo. **Amigos:** uno compadece al otro, le ofrece una botella de vino, le llama «vecino», pide ayuda para acabar con la vieja disputa, quiere que sean amigos, los dos cabalgarán juntos ante familiares y vecinos, hablarán amistosamente, celebrarán la noche de San Silvestre juntos, comerán en fiestas recíprocas, se invitarán mutuamente a cazar en sus respectivas propiedades, cada uno confía en que sus propios hombres lleguen primero para salvar a su ex enemigo, piden socorro gritando al unísono.

1. Hallarse inmovilizados juntos bajo el árbol ayuda a que lleguen a ser amigos, porque les obliga a reconocer lo que tienen en común en vez de destacar sus diferencias.

2. Yo podría llegar a ser amigo de alguien si intentara comprender el punto de vista de la otra persona. Si la otra persona y yo pudiéramos discutir nuestras diferencias, podríamos llegar a comprender mejor las creencias y las opiniones del otro.

Colección 2: El espíritu humano

Gracias, Señora; p. 11

REVISIÓN:

(A continuación damos un ejemplo de respuesta.)

Mientras la señora Jones va caminando a su casa a las once de la noche, un jovencito de nombre Roger intenta quitarle el bolso. La señora Jones lo frena, lo lleva por la fuerza hasta su habitación de alquiler, y le habla sobre su pasado para demostrarle que ella también sabe lo que es ser joven y tener problemas. Lo trata como una madre dándole de cenar, aconsejándolo, y dándole diez dólares, que difícilmente se puede permitir, para que se compre esos zapatos de gamuza azul que tanto desea. Se despiden y nunca más volverán a encontrarse.

ORGANIZADOR GRÁFICO:

(Las respuestas variarán. A continuación damos algunas guías para las respuestas.)

Opinión de Roger sobre sí mismo:
Al comienzo del cuento: Las respuestas pueden reflejar la baja autoestima de Roger y su falta de respeto por sí mismo, y su idea de que no le importa a nadie y que nadie quiere enseñarle nada.

Al final del cuento: Las respuestas pueden reflejar un aumento en la autoestima de Roger, basado en la atención y confianza que la señora Jones despierta en él y en su deseo de ganarse esa confianza.

Opinión de Roger sobre la señora Jones:
Al comienzo del cuento: Las respuestas podrían reflejar la percepción de Roger sobre la señora Jones

como medio para lograr un fin, como alguien de quien aprovecharse; y como un objeto, no como una persona.

Al final del cuento: Las respuestas podrían reflejar el aprecio de Roger hacia la señora Jones, por su respeto a sí misma, y por su dignidad, sabiduría y honestidad.

1. Respecto a la opinión que Roger tiene de sí mismo al comienzo del cuento, las respuestas podrían reflejar algo sobre su robo del bolso. Al final del cuento, éstas podrían mencionar algo sobre cómo él le da las gracias a la señora Jones, cómo no sale corriendo de su casa, o cómo pregunta si puede ir a la tienda en su lugar. En la opinión de Roger sobre la señora Jones, la evidencia probablemente será similar a la de sí mismo.

2. Al final del cuento las respuestas deberían reflejar cierta impresión sobre una más positiva autoestima de Roger, y una mejor opinión de Roger sobre la señora Jones.

Recuerdo de Navidad, p. 14

REVISIÓN:

(Las respuestas pueden variar.)

a. El narrador, Buddy, recuerda una amistad especial de su niñez con una prima mayor, con la que vivió hasta que tuvo siete años.

b. Hacen pasteles de frutas para mandárselos a las personas que les parecen amigas, porque no tienen verdaderos amigos; las cartas de agradecimiento que reciben les dan la sensación de estar conectados con el mundo.

c. Tienen muy poco dinero; tienen que recoger nueces después de la recolecta de otros; tienen que obtener whisky ilegal.

d. Buddy y su prima creían que el señor Haha Jones iba a ser triste y siniestro; sin embargo, éste les devuelve alegremente el dinero a cambio de un pastel de fruta.

e. Ella descubre que el Señor se nos da a conocer en cosas y sucesos cotidianos, no sólo al final de nuestras vidas.

ORGANIZADOR GRÁFICO:

(Las respuestas variarán. A continuación damos un ejemplo de respuesta.)

Regalos que Buddy hace a su prima / Significado de los regalos:
Buddy escucha a su prima, le ofrece una incondicional aceptación y compañía; Buddy le cuenta las películas que ve, la hace partícipe de su conocimiento del mundo «exterior»; le gusta por sí misma: ella realmente es graciosa, y parece no tener otros amigos, Buddy le da un afecto sin restricciones. Buddy no espera que su prima actúe como los demás adultos: ella puede ser sincera porque él acepta sin reservas su ingenuidad.

Regalos que la prima le hace a Buddy/Significado de los regalos:
La prima de Buddy lo introduce en su propia tradición de hacer pasteles de Navidad: él experimenta el placer de intercambiarse regalos de forma desinteresada; la prima lo lleva a buscar el árbol perfecto: le enseña el valor de la determinación; le hace una cometa con estrellas: él aprende a disfrutar la alegría de un sencillo regalo hecho a mano; ella le hace sentirse importante: él aprende a valorarse a sí mismo a pesar de que sus otros familiares lo pasan por alto.

(Las respuestas a la pregunta complementaria variarán. A continuación damos algunas guías para las respuestas.)

Los estudiantes debieran indicar que los regalos que le dio su prima le dejarán una impresión duradera ya que al final del cuento él parece haber perdido algo importante debido a su ausencia. Asímismo, él asocia el hogar con ella, aunque nunca pueda volver a casa. Uno de los regalos que conserva es la capacidad para narrar cuentos, que ella le ayudó a desarrollar cuando le pedía que le contara los argumentos de las películas.

Un hombre llamado Caballo, p. 17

REVISIÓN:

(Las respuestas pueden variar.)

a. Caballo vive en una bonita casa de Boston con su rico padre y su abuela. Se siente solo, alejado e inferior.

b. Las costumbres incluyen a guerreros con atuendos ceremoniales y las caras pintadas celebrando es una victoria; guerreros matando y arrancándoles la cabellera a los enemigos; cortejando a una mujer con obsequios de caballos y carne de búfalo; el silencio entre un marido y su suegra; y no tener obligación alguna para con la familia de una esposa una vez que ésta haya fallecido.

c. Se vuelve dócil y externamente acepta su condición de esclavo.

d. Caballo empieza a entender el lenguaje Crow, y Mano Grasienta le da un par de mocasines nuevos.

e. Él se casa con ella para asegurar su propia situación y para comprar su libertad. Después de su matrimonio los indios lo aceptan y lo tratan con dignidad.

ORGANIZADOR GRÁFICO:

(Las respuestas variarán. A continuación damos un ejemplo de respuesta.)

Acciones firmes o admirables: Caballo aprende el lenguaje Crow; le trae flores a Mano Grasienta; persevera con el arco y la flecha; insiste en tener un nombre; siente pena por Mano Grasienta y la cuida;

ama a Ternera Bonita y le es fiel, se queda para atender a las mujeres después de la muerte de Túnica Amarilla.

Acciones débiles o despreciables: Caballo lucha con los perros para conseguir comida; mata a un miembro enfermo de una tribu enemiga; presume de sus hazañas en el círculo de gente dentro de la tienda (tipi); planea abandonar a Ternera Bonita; se enfada con las mujeres por seguir la costumbre de duelo de los Crows de regalar sus pertenencias.

(Las respuestas variarán. A continuación damos algunas guías para las respuestas.)

1. Los estudiantes deben demostrar haber comprendido la idea de que los personajes bien perfilados son realistas y complejos. Los estudiantes podrían aprobar en general el comportamiento de Caballo, ya que entienden su situación, pero tienen reservas sobre algunas de sus acciones.

2. Los estudiantes podrían sugerir que Caballo también hubiera podido ganar honores capturando al miembro enfermo de la tribu enemiga en vez de matándolo. Podrían cuestionar por qué Caballo no considera llevarse consigo a Ternera Bonita cuando regrese a Boston. Podrían criticar a Caballo por su falta de compasión cuando las mujeres regalan sus pertenencias.

Salvador tarde o temprano, p. 20

REVISIÓN:

(A continuación damos un ejemplo de respuesta.)

Despertaba a mis hermanos, los vestía, los peinaba, y para desayunar los daba leche y cereales. Después ayudaba a mamá con el bebé y apuraba a Cecilio y a Arturito para que fueran a la escuela. Cuando Arturito tiraba sus lápices de colores en la calle, yo se los recogía. Después de la escuela iba a buscarlos, y los llevaba a casa.

ORGANIZADOR GRÁFICO:

(Las respuestas variarán. A continuación damos algunas guías para las respuestas.)

Los diagramas de los estudiantes pueden contener descripciones de cualidades tanto concretas como abstractas de un hogar ideal, como amor, unión, confianza y diversiones.

1. y 2. Los estudiantes deben mencionar características tanto positivas como negativas del hogar de Salvador. Por ejemplo, Salvador se siente unido a miembros de su familia, pero la familia es pobre. Salvador ha aprendido a ser responsable de sus hermanos menores, pero no tiene amigos en la escuela.

Colección 3: Esperar lo inesperado

El regalo de los Reyes Magos, p. 22

REVISIÓN:

(A continuación damos una respuesta posible.)

Della no tiene dinero para comprarle a su amado esposo Jim un regalo de Navidad. Vende su melena y utiliza el dinero para comprarle a Jim una cadena para su preciado reloj. Cuando por la tarde vuelve a casa, Jim se queda atónito al ver a Della sin su larga melena. Le ha comprado el caro juego de peines que ella quería. Ha vendido el reloj para hacerlo. Ninguno de los dos puede usar el regalo que recibió, pero juntos tienen un amor que es el mejor de los regalos.

ORGANIZADOR GRÁFICO:

(Las respuestas variarán. A continuación damos algunas guías para las respuestas.)

Las posibles posesiones más preciadas pueden ser un libro, un recuerdo, una prenda de vestir, un automóvil, una bicicleta, una herramienta o un instrumento musical. Los estudiantes también podrían mencionar a sus padres, amigos, profesores o entrenadores; sus animales domésticos u otros animales preferidos; cualidades personales como lealtad, cooperación y afabilidad; o ideas como justicia o libertad.

Para la pregunta adicional, las explicaciones de por qué se aprecian algunas cosas variarán de acuerdo con la preferencia personal. Los estudiantes deberán decir por qué otros apreciarían los tres artículos como regalos. Por ejemplo, un estudiante podría explicar que una persona querida apreciaría como regalo la honestidad, ya que es la base de una buena relación.

El collar, p. 25

REVISIÓN:

(Los resúmenes variarán.)

La señora Loisel (alguien) desesperadamente (quiere) conseguir el estilo de vida de la clase alta, (pero) su relativa pobreza se lo impide. (Así que) cuando recibe una invitación para asistir a una elegante recepción, pide prestado el collar de una amiga para poder aparentar ser de una clase social más alta. Después de la fiesta se da cuenta de que ha perdido el collar. Ella (alguien) no (quiere) que su amiga se entere de la pérdida, (pero) no tiene dinero para pagar un collar de reemplazo. (Así que) ella y su marido piden dinero prestado, y trabajan durante diez años para poder devolverlo.

Años más tarde, cuando la señora Loisel vuelve a encontrarse con su amiga, se entera de que el collar por el que trabajó tan duramente era sólo una imitación.

ORGANIZADOR GRÁFICO:

(Las respuestas variarán. A continuación damos algunas guías para las respuestas.)

Entre los personajes envidiosos no pueden faltar las hermanastras en *La cenicienta*, la bruja en *Blancanieves*, y el arqueólogo diabólico y los nazis en la película *En busca del arca perdida*. En estos ejemplos la envidia tiene resultados negativos: Los personajes acaban derrotados.

1. Probablemente los ejemplos demuestren efectos más negativos, aunque a veces la envidia lleve a lograr ventajas anheladas o posesiones.

2. Los estudiantes podrían sugerir que los personajes debieran aprender a estar más satisfechos con sus situaciones y posesiones, a valorarse más a sí mismos, y así no compararse tanto con otros.

El barril de amontillado, p. 28

REVISIÓN

a. Un crimen perfecto es aquel en que quien lo comete no es descubierto, y la víctima se da cuenta de que el motivo es la venganza.

b. Montresor se vale de la vanidad de Fortunato, sugiriéndole que le pedirá a Luchesi que pruebe el amontillado si él no puede.

c. Declara que ha jurado vengarse por los insultos de Fortunato.

d. Montresor pinta a Fortunato como arrogante, insultante y vanidoso.

e. Los huesos permanecen escondidos cincuenta años después.

ORGANIZADOR GRÁFICO:

(Las respuestas variarán. A continuación damos algunas guías para las respuestas.)

Entre las posibles respuestas podrían figurar determinados episodios de programas de TV, como por ejemplo Los Simpson. En las películas de Batman, éste lucha contra el mal como forma de vengar la muerte de sus padres; y el Pingüino, uno de sus enemigos, se dedica al crimen para vengarse del mundo por la terrible infancia que tuvo.

(Las respuestas a la pregunta complementaria variarán.)

Los estudiantes podrían decir que las causas (como la percepción de males causados al personaje, a su familia o a sus seres queridos) con frecuencia aparecen como denominador común entre los efectos de la venganza, ya que suelen producir muertes o heridas graves.

Colección 4: Descubrimientos

Los blues no son un pájaro burlón, p. 31

REVISIÓN:

(Las respuestas pueden variar.)

a. La abuela y el abuelo Cain entran en conflicto con Smilin y Camera. Los niños (la narradora, Cathy, Tyrone y Terry), son espectadores.

b. La familia se ha mudado porque la abuela Cain no puede tolerar que la gente no le pague el dinero que le debe; que le den limosnas en forma de ropa usada y revistas viejas, y que les asombre que mantenga la casa limpia.

c. Están haciendo una película documental para la campaña de cupones de comida del condado.

d. La abuela se siente ofendida por el equipo de rodaje, porque violan la intimidad de su familia.

e. El abuelo Cain estropea el rollo de la cámara.

ORGANIZADOR GRÁFICO:

(Las respuestas variarán. A continuación damos algunas guías para las respuestas.)

Los personajes en torno a la abuela Cain podrían incluir

Miembros de la familia:
　Niños: La narradora en primera persona; Cathy; Tyrone; Terry
　Adultos: El abuelo Cain
Equipo de rodaje: Camera; Smilin

Los estudiantes deben incluir en los óvalos por lo menos un elemento de cada una de las relaciones que se describen a continuación:

La narradora en primera persona: la nieta de la abuela Cain, que relata el conflicto entre su familia, Camera y Smilin.

Tyrone y Terry: los mellizos que no paran de hacerles preguntas a la abuela Cain y a Cathy; se pelean constantemente, y son vecinos de los abuelos Cain.

Cathy: una prima lejana de la narradora. Imita las cualidades de la abuela; conoce su pasado; y, como es la mayor, contesta las preguntas que hace la narradora.

El abuelo Cain: ama a su mujer, la abuela Cain, le hace caso cada vez que quiere mudar a la familia; es el que se deshace de Camera y Smilin al destruirles la película que usaban para filmar.

Camera y Smilin: causan los conflictos entre ellos mismos y los abuelos Cain al invadir la intimidad de la familia para poder realizar una película documental sobre los cupones para comida y los pobres.

1. Los estudiantes pueden decir que Cathy cuenta el cuento de Ricitos de Oro para ayudarle al lector a comprender el sentido de la historia de la abuela: que los hombres del condado están invadiendo su intimidad. También explica algunos detalles secundarios del relato.

2. Los estudiantes tienen que dar por lo menos una razón por su selección de un personaje. Por ejemplo, pueden elegir a la abuela aduciendo que tiene una voluntad férrea y que está dispuesta a defender su intimidad y sus derechos personales.

Caléndulas, p. 34

REVISIÓN:

(Las respuestas pueden variar.)

a. El cuento tiene lugar en la Maryland rural, durante la Gran Depresión de la década de 1930.

b. La señorita Lottie es una vecina anciana que planta caléndulas de vivos colores. Los niños creen que es una bruja.

c. Los niños molestan a la señorita Lottic y la llaman «bruja»; tiran piedras que destrozan las flores.

d. Lizabeth se entera de que ahora su madre es el miembro fuerte de la familia, y que su padre está abatido por la tristeza que le causa no poder encontrar trabajo para mantener a su familia como debería.

e. La narradora lamenta que la señorita Lottie nunca volvió a plantar las flores; y dice que también ha intentado crear belleza.

ORGANIZADOR GRÁFICO:

(Las respuestas variarán. A continuación damos algunas guías para las respuestas.)

Lizabeth al final del cuento: El círculo debiera estar totalmente sombreado (compasivo) o casi totalmente, dejando un pequeño espacio para la inocencia.

La madre de Lizabeth durante el cuento: El círculo debiera estar totalmente sombreado (compasiva).

Joey durante el cuento: El círculo no debiera estar sombreado (inocente).

La señorita Lottie al principio del cuento: Sólo la mitad del círculo debiera estar sombreado (compasivo) y la otra mitad sin sombra (inocente).

La señorita Lottie al final del cuento: El círculo debiera estar totalmente sombreado (compasiva).

Lizabeth al final del cuento: Es primordialmente compasiva al final del cuento porque entiende a la señorita Lottie cuando la mira a los ojos. Pero conserva alguna inocencia ya que sólo tiene catorce años.

La madre de Lizabeth durante el cuento: Es totalmente compasiva. Siente pena por su esposo porque no encuentra trabajo, y no está disgustada con él.

Joey durante el cuento: Es totalmente inocente. Al torturar a la señorita Lottie no lo piensa dos veces.

La señorita Lottie al comienzo del cuento: Es mitad compasiva y mitad inocente. Aunque también la describen como muy trabajadora, la presentan como una bruja que odia a los intrusos. Sentimos pena por ella, porque alguna vez fue una mujer poderosa y llena de vitalidad.

La señorita Lottie al final del cuento: Es totalmente compasiva. Ya no está disgustada con Lizabeth, y es descrita como una persona noble que lucha para crear belleza en medio de la fealdad.

Historia de Estados Unidos, p. 37

REVISIÓN:

Elena primero puede resumir sus experiencias de aquel día: El frío del patio de juegos, enterarse de la noticia por el señor De Palma, el extraño silencio de la calle mientras caminaba a casa, su determinación de estudiar con Eugene, el rechazo de la madre de Eugene, su incapacidad de llorar la muerte del presidente como lo hacían los adultos. También puede añadir la más amplia perspectiva de un adulto al recordar la conmoción que unió a la nación, y que mantuvo a todo el mundo pegado a los televisores.

ORGANIZADOR GRÁFICO:

(Las respuestas variarán. A continuación damos algunos ejemplos de respuestas.)

La madre de Elena: Es de Puerto Rico; está pendiente de Elena; es religiosa; quiere una casa en las afueras; advierte a su hija, pero le deja descubrir el dolor por sí misma.

Similitud: No son felices en Paterson; desalientan la amistad; lloran a Kennedy; tienen esperanzas de una vida mejor para ellas y sus familias.

La madre de Eugene: Es de Georgia; quiere volver; es enfermera; no es amable con Elena y le dice que no vuelva.

1. Elena y Eugene debieran ser amigos porque ambos están solos y sin amigos; a los dos les gustan los libros; podrían estudiar juntos, podrían ir juntos a la biblioteca. Sus respectivas madres tienen mucho en común; otros niños se burlan de ellos; y se gustan de verdad.

2. Las madres podrían tener una oportunidad, para ellas mismas y para sus hijos, de comprender y apreciar otra cultura; la oportunidad de unir dos familias que tienen esperanzas y sueños similares; la oportunidad de mejorar la educación de sus hijos ya que les gusta leer lo mismo; la oportunidad de inculcarles los valores de la tolerancia, flexibilidad y comprensión.

El ibis escarlata, p. 40

REVISIÓN:

(Las respuestas pueden variar.)

a. El cuento se narra desde el punto de vista de un hombre del sur que recuerda su adolescencia.

b. El cuento tiene lugar en la época de la Primera Guerra Mundial, 1914–1918.

c. El narrador se avergüenza de tener un hermano que no es normal. Sabe que los motivos para enseñarle a Doodle a caminar son más vergüenza y orgullo que preocupación por su hermano.

d. Intenta enseñarle a correr, a nadar, a trepar árboles, a luchar.

e. Doodle responde con amor, compasión y respeto; le da al pájaro un entierro apropiado.

ORGANIZADOR GRÁFICO:

(Las respuestas variarán. A continuación damos algunos ejemplos de respuestas.)

Doodle de bebé: El narrador se siente decepcionado; quiere tener a alguien con quien jugar, pero sólo ve a un bebé con discapacidades físicas, que podría morirse; el narrador incluso considera ahogar a su hermano menor, hasta que descubre que no está discapacitado mentalmente.

Doodle a los dos años: El narrador siente que Doodle es parte de la familia; Doodle empieza a gatear; el narrador le pone el sobrenombre de Doodle, aludiendo a un tipo de hormiga que marcha hacia atrás. Doodle parlotea constantemente.

Doodle y el cochecito: Para el narrador Doodle es una carga, porque tiene que llevarlo a todas partes y además necesita cuidados especiales; el narrador es cruel con Doodle; después lo acepta como hermano y acepta que no puede evitarlo; comparte con él «El pantano de la anciana».

Doodle a los cinco años: El narrador se avergüenza de su hermano porque no puede andar; el narrador necesita sentirse orgulloso de alguien o de algo; el narrador le obliga a Doodle a ponerse de pie y a caminar.

El sexto cumpleaños de Doodle: El narrador se da cuenta de que enseñó a caminar a Doodle porque le avergozaba que no pudiera hacerlo; el narrador percibe que sus motivos para enseñarle a caminar eran puramente egoístas.

Doodle durante la tormenta: El narrador se tiene que tragar su orgullo y no tiene piedad con Doodle; le amarga que sus planes hayan fallado; se horroriza por la muerte de Doodle, y trata de protegerlo de la tormenta demasiado tarde.

1. El cuento nos muestra una constante contradicción, en que el narrador quiere a Doodle pero al mismo tiempo lo molesta y se avergüenza por sus flaquezas. Una vez que lo acepta como compañero se divierte con él, pero al mismo tiempo le impone pruebas cada vez más difíciles. No puede equilibrar el amor que siente por él y el fastidio que le causa su estado.

2. El hecho de pasar más tiempo con Doodle le hace cambiar de parecer al narrador; parece sentir cierto orgullo por sus logros, pero se da cuenta demasiado tarde de que lo quiere.

LAS COLECCIONES DE NARRATIVA DE HECHOS REALES

Colección 5: Recordamos

No mucho sobre mí / Con una tarea por hacer, p. 44

REVISIÓN:

(A continuación damos una posible lista de los sucesos principales.)

1. Nació el 12 de febrero de 1809.

2. Su madre murió cuando tenía diez años.

3. Tuvo poca educación formal.

4. Trabajó de granjero hasta los veintidós años.

5. Fue capitán en la guerra contra Halcón Negro en 1832.

6. Perdió las elecciones para la legislatura por Illinois en 1832, pero fue elegido después y desempeñó el cargo entre 1834 y 1842.

7. Se trasladó a Springfield, Illinois, donde practicó la abogacía.

8. Fue miembro de la Cámara de Representantes de 1846 a 1848.

ORGANIZADOR GRÁFICO:

(Las respuestas variarán. A continuación damos un ejemplo de respuesta.)

no distinguido (sugiere modestia y humildad)

cuáqueros (creen en abstenerse de la violencia)

sin educación (simplicidad, identificación con toda la gente)

ya no sabía mucho (modestia)

cualquiera de las descripciones de su físico en «No mucho sobre mí» (directas, honestas)

(Las respuestas variarán. A continuación damos algunas guías para las respuestas.)

1. Los estudiantes deben darse cuenta de que Lincoln quería ser visto como un hombre honesto, llano, modesto y con un gran amor por su país.

2. Los estudiantes deberán explicar por qué las palabras que seleccionaron son las apropiadas.

«Cuando dejo la carga que llevo», p. 47

REVISIÓN:

a. El escenario es Stamps, Arkansas, durante la Segregación. Se desarrolla en una tienda propiedad de la abuela de Angelou, una afro-norteamericana. La tienda está cerca de la escuela, tiene una galería en el frente y un jardín cuidado.

b. Se suben por los estantes y por los cestos de verduras, hablando en voz alta sin parar.

c. Está enfadada, lastimada y frustrada.

d. Continúa tarareando y es atenta y respetuosa con las niñas.

ORGANIZADOR GRÁFICO:

(Las respuestas variarán. A continuación damos un ejemplo de respuesta.)

Los niños mezquinos jugaban subiéndose a los bultos de mercancías; Mamá no dice nada. Al tío de

Maya lo llaman por su nombre y le dan órdenes; el tío las cumple en silencio.

A Mamá le dan órdenes; ella las cumple, pero intenta adelantarse a lo que quieren antes de que se lo exijan.

Se burlan de Mamá; ella no les presta atención y canta.

Le hacen morisquetas y gestos groseros; ella no les presta atención.

1. Ni el tío ni Mamá permiten que los niños se den cuenta de la frustración y la humillación que les han causado. Mamá hace que guarden silencio al no reaccionar como esperan. Mamá desafía a los niños cantando con dignidad, mientras ellos quedan como unos tontos cuando se burlan de ella.

2. La experiencia es muy dolorosa. La forma digna con que Mamá manejó la situación le enseña a la narradora una lección que nunca olvidará. La narradora descubre un tipo de dignidad que nunca pensó que pudiera existir.

Elección: Homenaje a Martin Luther King, hijo; p. 50

REVISIÓN:

a. El discurso fue pronunciado en Jackson, Misisipí, en 1972, en un restaurante que se negaba a servir a afro-norteamericanos hasta que la ley lo obligó a hacerlo. El lugar simboliza el triunfo de los esfuerzos de King.

b. Habían aprendido que quedarse en su tierra natal, donde la segregación y los prejuicios causan sufrimiento, significaba perder el afecto por ese lugar y ver solamente su brutalidad.

c. La primera vez que lo vio fue en la TV, cuando lo arrestaban por «reclamar sus derechos como norteamericano de nacimiento». Ella supo que desde ese momento lucharía contra todos los obstáculos para poder reclamar el derecho a pertenecer a esa tierra.

d. King le dio a la gente el sentido de conexión con sus antepasados, la sensación de pertenecer a la propia tierra, y el poder disfrutar de sus recuerdos.

ORGANIZADOR GRÁFICO:

(Las respuestas variarán. A continuación damos algunos ejemplos de respuestas.)

Hamilton Holmes y Charlayne Hunter; el doctor King es arrestado; el doctor King predicando; restaurantes sólo para blancos.

1. Walker sintió el dolor de la segregación, la opresión del doctor King, la falta de esperanza por la justicia, y la sensación de ser una desposeída en su propia patria.

2. King le dio esperanza sobre la eficacia de la lucha pacífica; que podía echar raíces; le hizo sentir que todo el sufrimiento de los negros del Sur no había sido en vano.

Colección 6: Un lugar llamado hogar

Montar a caballo es un ejercicio de la mente, p. 53

REVISIÓN:

a. Es un pueblo con edificios de adobe en Nuevo México, situado en un valle entre maizales, cerca de un río bordeado de hileras de sauces y álamos, y al pie de montañas y desfiladeros.

b. Pecos era el caballo de Momaday, y era importante ya que figuraba en sus imaginarias aventuras de niño.

c. Estarían orgullosos de su capacidad para montar.

d. Los tres últimos párrafos.

ORGANIZADOR GRÁFICO:

(Las respuestas variarán. A continuación damos un ejemplo de respuesta.)

Puedo escuchar: la risa de los Navajo; el ladrido de los coyotes; los tambores en el kiva; la voz del pregonero en el poblado
Puedo ver: en el cielo gansos en formación; caballos en la llanura; murciélagos y gatos y búhos en los postes de las vallas
Puedo oler: humo de pino y de cedro; el pan en el horno

(Las respuestas variarán. A continuación damos algunas guías para las respuestas.)

1. Puede ser que los estudiantes digan que eligieron los detalles que les parecieron más vívidos.

2. Los estudiantes pueden decir que escribir el poema les ayudó a hacer descripciones más claras porque centró su atención en los detalles sensoriales que Mamaday usa para crear esas descripciones.

«¡Por cierto que ayudé a que las cosas cambiaran!», p. 56

REVISIÓN:

(Seguir las flechas.)

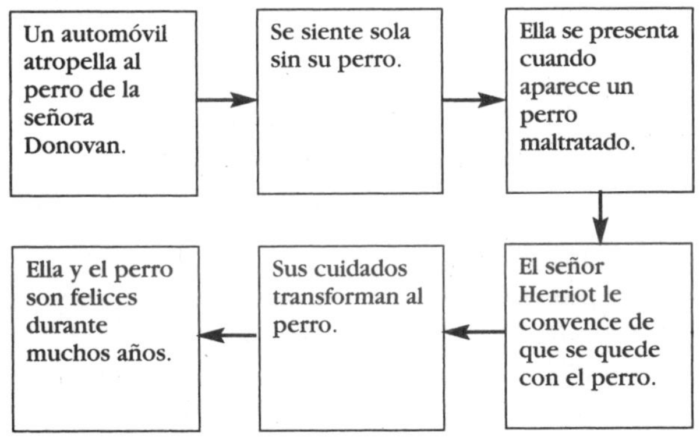

ORGANIZADOR GRÁFICO:

(Las respuestas variarán. A continuación damos algunas guías para las respuestas.)

Contribución humana: Un estudiante puede incluir en la lista alimento, refugio y tratamiento médico.

Beneficios mutuos: Un estudiante puede incluir cariño, compañía y ejercicios físicos.

Contribuciones del animal: Un estudiante puede referirse a la protección, a una sensación de sentirse necesario y a la lealtad.

1. Los estudiantes pueden decir que Roy se beneficia más, ya que la señora Donovan satisface ampliamente sus necesidades.

2. Los estudiantes pueden decir que adoptarían un animal que estuviera en el estado de Roy, y si tuviera su buena disposición y sus ganas de vivir.

Las rendijas de un escondite, p. 59

REVISIÓN:

(Las respuestas pueden variar.)

a. Los dibujos deberán mostrar un pequeño espacio sin ventanas, muy bajo, encima de un depósito del almacén, que está adosado a la casa.

b. Se esconde porque se ha escapado de la esclavitud, y es perseguida.

c. La barrena le permite abrir un agujero por el que puede ver a sus hijos cuando juegan y aprovechan el aire libre.

d. El doctor Flint es el dueño de Jacobs. La tía Nancy dice que él le escribió a una mujer en Nueva York, ofreciéndole una recompensa por información sobre Jacobs, y que había viajado a Nueva York creyendo que estaba allí.

e. La mayoría de las personas piensan que está en alguno de los estados libres.

ORGANIZADOR GRÁFICO:

(Las respuestas variarán. A continuación damos algunas guías para las respuestas.)

Los estudiantes deben completar el gráfico con sus sentimientos sobre estar físicameante confinados; fuera del gráfico deberán hacer una lista de ideas o pensamientos que puedan servir para escapar mentalmente.

1. Los estudiantes pueden decir que reaccionaron con frustración por lo restrictivo del estrecho espacio.

2. Un estudiante puede sobreponerse a las restricciones físicas del encierro con gratos recuerdos de la familia o de los amigos.

Colección 7: Lo que creo

de *Opiniones de un indio sobre asuntos indios, p. 62*

REVISIÓN:

(A continuación damos algunas respuestas posibles.)

<table>
<tr><td>

Idea principal

Las palabras vanas no han ayudado a los Nez Percé.

</td><td>

Idea principal

Al ser humano no se le puede negar la libertad.

</td></tr>
<tr><td>

Detalles que la respaldan

1. Los Nez Percé han perdido vidas, salud, casas y ganado.
2. El gobierno de EE.UU. ha hecho y ha roto promesas, lo que ha resultado en desconfianza.

</td><td>

Detalles que la respaldan

1. Todos deberían ser libres para poder viajar, trabajar, comerciar, recibir educación, practicar la religión, pensar, hablar y actuar como mejor les parezca.
2. Los blancos no tienen derecho a poner restricciones a los desplazamientos de los indios norteamericanos.

</td></tr>
</table>

ORGANIZADOR GRÁFICO:

(Las respuestas variarán. A continuación damos algunas guías para las respuestas.)

Las peticiones del discurso incluyen: el mismo trato para todas las personas; reconocer que los indios norteamericanos son personas; que sean libres; que los blancos traten a los indios como se tratan entre sí; que se les dé las mismas oportunidades para vivir y desarrollarse; y que se les permita a los norteamericanos europeos y a los indios norteamericanos que vivan como iguales, bajo la misma ley.

1. La mayoría de los estudiantes probablemente dirán que eligieron las peticiones que parecen ser las más básicas para el respeto propio de cualquier ser humano.

2. Las respuestas variarán dependiendo de las peticiones que haya elegido el estudiante. Por ejemplo, un alumno puede decir que los indios habrían sido más sanos y más prósperos.

Oscuridad al mediodía, p. 65

REVISIÓN:

a. Ejemplo de respuestas: Cuando pide ayuda en el aeropuerto, a Krents se le llama «76»; en el restaurante el camarero le pide a la mujer de Krents que elija por él.

b. La anécdota del básquetbol nos dice cómo quiere Krents que se le trate.

c. Krents fue rechazado por más de cuarenta firmas de abogados debido a su ceguera.

d. En 1978, el Departamento de Trabajo dictó normas de igualdad de oportunidades de empleo para personas discapacitadas.

ORGANIZADOR GRÁFICO:

(Las respuestas variarán. A continuación damos algunas guías para las respuestas.)

Los estudiantes pueden titular la anécdota acerca de la anciana y el enfermero en el hospital: «Aquí se habla inglés».

1. Los estudiantes pueden decir que la mujer y el enfermero actuaban como si Krents fuera incapaz de hablar inglés.

2. Los estudiantes pueden decir que no serían tan pacientes como Krents.

Sin hogar, p. 67

REVISIÓN:

(Las respuestas variarán.)

Idea principal:

Lo peor del mundo de hoy es que haya tantas personas sin hogar (p. 462, ll. 1-3).

Detalles de apoyo:

1. Hemos perdido la vieja noción del hogar como un lugar de seguridad, estabilidad, predecible y de intimidad.

2. La pérdida de comunidades orientadas hacia la familia hace que tener un hogar propio resulte aún más importante.

3. Un albergue común es inadecuado como solución de compromiso, porque no es un verdadero hogar.

4. Al pensar sobre la gente sin hogar como un grupo despersonalizado, nos distanciamos del dolor que sienten.

ORGANIZADOR GRÁFICO:

(Las respuestas variarán. A continuación damos algunas guías para las respuestas.)

Un estudiante puede hacer un bosquejo de una persona sin hogar dentro de un albergue improvisado, instalado debajo de un puente de carretera.

1. Los estudiantes podrían estar de acuerdo con el punto de vista de Quindlen, de que las personas que no tienen donde vivir deberían ser consideradas como individuos, aunque los estudiantes podrían no compartir los sentimientos de Quindlen sobre la importancia de las cosas materiales.

2. Luego de leer el ensayo, los estudiantes podrían estar de acuerdo con que es fácil dar por sentadas cosas como un hogar, y los artículos comunes de la vida doméstica.

LAS COLECCIONES DE POESÍA

Colección 8: Mira los milagros

Diariamente, p. 70

ORGANIZADOR GRÁFICO:

(Las respuestas variarán. A continuación damos algunas guías para las respuestas.)

Las banderas de los estudiantes deberán incluir por lo menos tres objetos comunes. Por ejemplo, podrían incluir una trompeta, un guante de béisbol y el ratón de una computadora.

1. Los estudiantes deberán explicar de qué manera cada uno de esos objetos añade belleza y significado a sus vidas.

2. La mayoría probablemente podría mencionar por lo menos dos sentidos para cada objeto, como por ejemplo vista y oído.

Cuando escuché al sabio astrónomo, p. 72

ORGANIZADOR GRÁFICO:

(Las respuestas variarán. A continuación damos algunas guías para las respuestas.)

Los estudiantes deben hacer una lista que contenga dos o más temas o actividades en cada sección del esquema. Por ejemplo, en la lista de «Experiencia» podrían escribir béisbol o cocinar; álgebra y tenis en la de «Instrucción»; y en el centro, computadoras y natación.

1. Los comentarios de los estudiantes deben demostrar que son conscientes de su estilo preferido para aprender.

2. En la lista de los estudiantes debe de haber al menos un tema o actividad preferida de la cual les gustaría saber más, y explicar por qué preferirían aprender por medio de la experiencia, la instrucción o de ambas.

Haiku, p. 74

ORGANIZADOR GRÁFICO:

(Las respuestas variarán. A continuación damos algunas guías para las respuestas.)

Una posible respuesta para el haiku de la libélula podría ser un primer plano de los ojos de la libélula, con el reflejo del perfil de las colinas.

1. Una anotación típica en el diario puede ser un recuerdo de la libélula y el deseo de ser tan libre como ella.

2. Los estudiantes deben incluir en el diario un momento, una persona o un animal especial en sus vidas.

Niebla, p. 77

ORGANIZADOR GRÁFICO:

(Las respuestas variarán. A continuación damos algunas guías para las respuestas..)

Los estudiantes deben hacer una lista con varias palabras o frases descriptivas sobre las condiciones meteorológicas de hoy, y escoger un animal que represente esas condiciones. Por ejemplo, un día frío y ventoso podría representarse con una gacela.

1. Los estudiantes deben explicar la conexión que hay entre el tiempo y las características físicas y el patrón de comportamiento del animal.

2. Los estudiantes deben describir las condiciones del tiempo usando una metáfora extendida que use las características del animal escogido.

en Sólo-, p. 79

ORGANIZADOR GRÁFICO:

*(Las respuestas variarán. A continuación damos
algunas guías para las respuestas.)*

Los estudiantes deben llenar cada globo con algo
que asocien con la primavera. Los ejemplos podrían
incluir pájaros, flores, charcos, lluvia o ranas.

1. Los estudiantes deben explicar por qué escogieron
   cada imagen como particularmente relevante a la
   primavera. La mayoría probablemente reconocerá
   que sus asociaciones están basadas
   primordialmente en sus propias experiencias.

2. Los charcos de lluvia, los juegos y las actividades
   al aire libre pueden ser similares; otras imágenes
   pueden diferir.

Erraba solitario como una nube, p. 81

ORGANIZADOR GRÁFICO:

*(Las respuestas variarán. A continuación damos
algunas guías para las respuestas.)*

Todas las escalas deberán incluir las palabras *antes* y
después.

1. Los estudiantes deberán explicar cuál de sus
   opiniones (si hubo alguna) cambió y por qué (o
   por qué no).

2. Los estudiantes probablemente dirán que leer las
   dos «versiones» de la experiencia les permitió
   entender mejor las semejanzas y diferencias
   entre la poesía y la prosa.

Colección 9: Imagínate

Nunca vi un páramo, p. 83

ORGANIZADOR GRÁFICO:

*(Las respuestas variarán. A continuación damos
algunas guías para las respuestas.)*

Los estudiantes deben completar el itinerario del
viaje.

1. Los estudiantes deberán identificar las palabras
   esenciales para ayudar a cualquiera a imaginarse
   el destino que escogió.

2. Para crear un poema sobre su destino, los
   estudiantes deberán usar palabras descriptivas
   incluidas en su itinerario.

Poema de un secuestro, p. 85

ORGANIZADOR GRÁFICO:

*(Las respuestas variarán. A continuación damos
algunas guías para las respuestas.)*

Los estudiantes deben nombrar a una persona, real o
imaginaria, y con palabras, símbolos, dibujos o una
combinación de los tres representar lo que le
mostrarían al invitado.

1. Los estudiantes pueden decir que la persona que
   escogieron es alguien a quien admiran o a quien
   quisieran conocer mejor.

2. Pueden decir que el mundo de Nikki Giovanni
   está formado por palabras, frases e imágenes,
   mientras que el de ellos es un mundo de
   personas, lugares y objetos reales.

Hacia el Sur por la autopista, p. 87

ORGANIZADOR GRÁFICO:

*(Las respuestas variarán. A continuación damos
algunas guías para las respuestas.)*

Los estudiantes deben hacer una lista de por lo
menos cinco observaciones y cinco conclusiones.
Una respuesta típica podría incluir una banda
estudiantil de música practicando, alumnos
llenando los corredores, ejercicios de calistenia en
clases de educación física, los profesores
supervisando el período del almuerzo, y los
administradores procesando documentación. Un
ejemplo de la conclusión sobre los estudiantes
llenando los corredores podría ser, «este planeta
está muy regimentado, todas las actividades sólo
ocurren al sonido de campanas. Cuando suena una
campana la gente se desplaza durante breves
momentos, y luego desaparece hasta la siguiente
campanada».

1. Dependiendo del tipo de observaciones y
   conclusiones que los estudiantes detallen,
   podrían decir que escogieron las actividades y
   comportamientos más representativos de la vida
   en la escuela, o lo que más podría malinterpretar
   un turista de Orbitville.

2. Los estudiantes pueden decir que tanto las
   conclusiones en las lentes como en el poema
   son malas interpretaciones, porque el turista no
   entiende claramente lo que observa.

Las siete edades del hombre, p. 89

ORGANIZADOR GRÁFICO:

(Las respuestas variarán. A continuación damos algunas guías para las respuestas.)

Los alumnos deben completar todos los espacios, indicando las edades, los papeles y los posibles «actores».

1. Los títulos reflejarán la percepción que los estudiantes tienen acerca de sus vidas hasta este momento, y sus esperanzas y planes para el futuro. Un estudiante que sueñe con ser astronauta, por ejemplo, podría titular su obra: *Escenas del espacio.*

2. La mayoría de los estudiantes probablemente dirán que en lugar de ilustrar las últimas etapas de la vida como deprimentes y tristemente inevitables, han cambiado escenas retratando el futuro como un incremento de conocimientos, poder, logros y quizá riquezas, así como un más positivo final de la obra.

Fuego y hielo, p. 91

ORGANIZADOR GRÁFICO:

(Las respuestas variarán. A continuación damos algunas guías para las respuestas.)

Los estudiantes deben completar los dos esquemas, incluyendo la sección que se superpone. En el esquema *Deseo / Fuego* los estudiantes pueden hacer una lista de los elementos del *Fuego* como: «una reacción química», «altas temperaturas», «calor», «brinda calidez». En *Deseo,* podrían enumerar: «surge por amor o una obsesión», «un deseo muy fuerte»; y los elementos comunes, como «puede consumir a una persona», «quema», «destructivo» y «a veces difícil de controlar». En la sección que se superpone podrían decir que esta metáfora podría llevar al fin del mundo si los deseos de las personas fueran como «un fuego sin control, que consume la razón y destruye todo lo que está a su paso».

1. Los estudiantes podrían decir que el deseo arde dentro de una persona como un fuego y que el odio puede ser tan frío como el hielo. Estas metáforas podrían relacionarse con el fin del mundo en el sentido de que las personas pueden permitir que estas emociones negativas crezcan y tomen el control de sus acciones y comportamientos.

2. Los estudiantes podrían decir que Frost usa estas metáforas para revelar un aspecto negativo, eterno, de la naturaleza humana, y que podría conducir al fin del mundo.

Colección 10: Como somos

Mujeres, p. 93

ORGANIZADOR GRÁFICO:

(Las respuestas variarán. A continuación damos algunas guías para las respuestas.)

Los estudiantes pueden escribir que sus familiares han ahorrado dinero para financiar su educación, que han tenido éxito en sus negocios, y que sus antepasados lucharon para conseguir que las mujeres tengan el derecho al voto.

1. Los estudiantes pueden describir a sus padres como trabajadores y generosos. Padres que pueden haber enseñado a sus hijos a apreciar los deportes, la música o el arte.

2. Los estudiantes pueden escribir que les gustaría dejar como legado un planeta con menos contaminación y una sociedad que trate a todo el mundo por igual.

El vals de mi papá, p. 95

ORGANIZADOR GRÁFICO:

(Las respuestas variarán. A continuación damos algunas guías para las respuestas.)

El globo del centro podría contener una imagen o una breve descripción de un viaje a la playa. Los detalles o imágenes relacionados podrían incluir un cielo azul despejado, el graznido de las gaviotas, olas que rompen y el olor a agua salada, la loción de broncear y a cera de las tablas de surf.

1. El sonido de las olas al romper en la orilla de la playa es mi detalle favorito. Era relajante y excitante a la vez.

2. Mi experiencia fue una mezcla de emociones positivas y negativas. Disfrutaba deslizándome sobre las olas, pero luego tuve miedo cuando me vi atrapado en la arena, porque era pesada y no podía mover los brazos.

El regalo, p. 97

ORGANIZADOR GRÁFICO:

(Las respuestas variarán. A continuación damos algunas guías para las respuestas.)

Un estudiante puede recordar que un hermano o hermana mayor ahorró su dinero de la semana para comprarle el juguete que él quería. Probablemente ese momento le enseñó que su hermano mayor no lo consideraba sólo como un fastidioso.

1. Un alumno puede decir que esa experiencia le ha hecho más tolerante con su hermano o hermana menor.

2. Un alumno puede decir que ese momento de ternura entre padre e hijo puede dejar una honda impresión, ya fuera un hecho tan sencillo como quitar una astilla de un dedo o tan importante como celebrar un cumpleaños.

Quince, p. 99

ORGANIZADOR GRÁFICO:

(Las respuestas variarán. A continuación damos algunas guías para las respuestas.)

Los estudiantes pueden decir que el narrador parece ser mayor de quince años, a juzgar por su vívida descripción de la moto y por las palabras que utiliza para describir su imaginario paseo en ella. Su deseo de marcharse en la moto, y así experimentar una sensación de libertad y de rebeldía, le hace parecer más joven.

1. Los estudiantes pueden decir que el narrador pensó en la posibilidad de también sufrir un accidente, lo que le hizo pensar en la posibilidad de que el dueño de la motocicleta pudiera estar herido.

2. Los estudiantes pueden decir que le dirían al narrador que hizo lo correcto, y que actuó de una forma honesta al devolverle la moto a su dueño.

Colección 11: ¡Dilo!

El cachorro, p. 101

ORGANIZADOR GRÁFICO:

(Las respuestas variarán. A continuación damos algunas guías para las respuestas.)

Los estudiantes pueden incluir nombres tales como, «Libertad», «Divertido», «Libre», «Feliz», «Esperanza», «Ánimo», «Gozo», «Delicia» o «Juguetón».

1. Los estudiantes pueden decir que escogieron nombres que representan el temperamento del cachorro y también su significado simbólico. Asímismo, pueden decir que se lo aplican a alguien que ha permanecido prisionero (como Solzhenitsyn) identificando al cachorro como símbolo de un prisionero que anhela su libertad.

2. Los estudiantes pueden decir que un dictador podría prometer algún día elecciones libres, pero mientras tanto satisfacer sólo las necesidades básicas del pueblo, como comida suficiente para mantenerlo fuerte para trabajar, pero débil para resistirse. La gente podría rechazar los «huesos» una vez que se enterara por medio de la prensa mundial de la libertad que existe en otros países.

Harlem, p. 103

ORGANIZADOR GRÁFICO:

(Las respuestas variarán. A continuación damos algunas guías para las respuestas.)

Los estudiantes pueden hacer una lista de sueños, como poder formar parte de un equipo deportivo, ganar una medalla en un concurso de ciencias, graduarse de la escuela secundaria y de la universidad, y ser astronauta.

1. Los estudiantes pueden decir que los sueños hacen que la vida valga la pena, ya que brindan una meta por la cual luchar.

2. Los estudiantes pueden decir que las imágenes de un sueño malogrado revelan lo que el soñador siente sobre ese sueño si nunca lo consigue.

Extranjera legal / Legal Alien, p. 105

ORGANIZADOR GRÁFICO:

(Las respuestas variarán. A continuación damos algunos ejemplos de respuestas.)

Mundo de habla hispana: Encarga platos mexicanos; dice «Me'stan volviendo loca [*en español, en el original*]»; nota que la miran como a una extranjera.

Ambos mundos: Se siente incómoda, como si fuera una ficha para el transporte público.

Mundo de habla inglesa: Escribe notas en inglés, dice «How's life?» Se sienta en un despacho, cree que la ven como exótica, inferior, distinta.

1. La palabra *ficha* nos revela claramente sus sentimientos. Sugiere algo pequeño y de poco valor.

2. Yo le diría que debería estar orgullosa de saber dos idiomas, y que quizá sus sospechas son exageradas.

El camino no emprendido, p. 107

ORGANIZADOR GRÁFICO:

(Las respuestas variarán. A continuación damos un ejemplo de respuesta.)

Sendero A: El orador eligió este camino porque parecía menos transitado en comparación con el otro.

Sendero B: Al principio parece vacilar entre los dos caminos, sobre todo por la mañana temprano, cuando las hojas caídas daban a los dos un aspecto de ser poco frecuentados. Después dice que otro día volverá para tomar el otro camino, pero al mismo tiempo lo duda. Al final, parece racionalizar su decisión de tomar el menos frecuentado, diciendo que ha tenido una positiva influencia en su vida.

(Las respuestas variarán. A continuación damos algunas guías para las respuestas.)

1. Los estudiantes pueden decir que el orador tomó ese camino porque simplemente era el menos frecuentado y por ello podría ser más especial u original.

2. Los estudiantes pueden decir que tomaron esa decisión por «no seguir al rebaño», o por ser más aventureros o independientes, como el orador cuando se decide por el camino menos frecuentado. Sus sentimientos también pueden tener un paralelismo con los del orador, que en un principio duda de la cordura de su decisión, para después darse cuenta de que fue una decisión positiva.

TEATRO MODERNO

Colección 12: Abriendo puertas

La hacedora de milagros, p. 109
Primer acto

REVISIÓN:

a. Una enfermedad deja ciega y sorda a Helen.

b. Las acciones de Helen revelan su deseo por comunicarse.

c. La familia decide que hay que hacer algo para que Helen no se haga daño ni se lo haga a otros. El capitán Keller le escribirá al doctor Chisholm.

d. James expresa sus dudas sobre las habilidades de Annie y dice que ella creará más inestabilidad en el hogar. Después de dudas iniciales, Kate responde de forma amigable y espera que Annie pueda ayudar a Helen. El capitán Keller es respetuoso, pero duda de que Annie pueda enseñarle a Helen. Al principio Helen siente curiosidad por Annie, pero después se rebela.

e. James parece querer la aprobación de su padre, y que resiente su segundo matrimonio y a su nueva familia. Se muestra sarcástico cuando habla con (y sobre) Keller, quien a su vez lo que quiere es que se mantenga callado. Estos dos, durante el primer acto, mantienen intercambios desagradables de palabras.

ORGANIZADOR GRÁFICO:

(Las respuestas variarán. A continuación damos algunos ejemplos de respuestas.)

Características y personalidad de Helen: Mimada, exigente, temperamental, astuta, rencorosa, tenaz y terca; se siente enfadada y frustrada por haber perdido el oído y la vista, da mucha guerra, suele valerse de su incapacitación para llamar la atención.

Características y personalidad de Annie: Mal genio, dedicada, inteligente, tenaz y terca. Atormentada por los recuerdos de su hermano y por una infancia difícil y deprimente. Quiere demostrar que puede ayudar a Helen, y así apaciguar el sentimiento de culpa que todavía siente por su hermano.

Posibles conflictos: Helen y Annie lucharán física y mentalmente, mientras Annie pretende enseñarle a Helen a comunicarse. Helen se rebelará contra la autoridad de Annie, y hasta podría huir de ella.

1. El milagro que debe producirse para ayudar a estos dos personajes, es el que incluya el desarrollo de la confianza, la comprensión y la comunicación. Helen debe aprender a confiar en Annie y ésta debe aprender a comprender la frustración de Helen. Así, de alguna manera, los intentos de Annie por romper el aislamiento de Helen con una palabra, un símbolo o un objeto pueden encender la llama de la comunicación.

2. Todos los personajes de la obra necesitan algún tipo de milagro. Annie necesita sentir que es una profesora capaz y exitosa. Los padres de Helen necesitan ver a su hija como una persona normal.

Segundo acto

REVISIÓN:

(Las respuestas pueden variar.)

a. Annie cree que hay que enseñarle disciplina a Helen, y que hay que deletrearle cosas con frecuencia para que aprenda que todo tiene un nombre.

b. Los Keller le permiten a Helen que haga lo que quiera durante las comidas, hasta comer de los platos de los demás, y se oponen al deseo de Annie de no permitírselo.

c. La meta de Annie es enseñarle a Helen a comer sólo de su plato, y con cuchara.

d. El público puede pensar que abandona el caso y vuelve a Boston. En realidad lo que Annie quiere hacer es llevarse a Helen con ella para que la familia no pueda interferir.

e. Annie y Helen vivirán en la casa del jardín de los Keller durante dos semanas. Durante ese tiempo los Keller no se podrán comunicar con Helen. A cambio, Annie debe conseguir que Helen la «tolere».

ORGANIZADOR GRÁFICO:

(Las respuestas variarán. A continuación damos algunos ejemplos de respuestas.)

Annie frente a Helen: Annie está convencida de que lo primero que Helen necesita es aprender a obedecer.

Annie frente al capitán Keller: El capitán Keller cree que lo que hay que hacer con Helen es darle los gustos, por la pena que inspira. Annie se da cuenta que esto es contraproducente. Cuando dice, «Sí claro, el viejo Stonewall otra vez», se mofa de la admiración que Keller tiene por la constancia del militar Stonewall Jackson, de la época de la Guerra Civil.

Kate frente a Annie: Kate se siente alentada por el progreso de Annie con Helen, después de tantos años de fracasados intentos, y tiene esperanzas de que los progresos vayan aún más lejos.

El capitán Keller frente a James Keller: El capitán Keller no se da cuenta de que la hostilidad de James se origina en su creencia de que su padre no lo quiere.

1. Respecto al conflicto entre Annie y el capitán, me molesta la forma en que Keller le da los gustos a Helen, y admiro cómo Annie le hace frente al capitán.

2. Es más fácil que el capitán Keller se salga con la suya, ya que es su empleador y la puede despedir en cualquier momento.

Tercer acto

REVISIÓN:

(Las respuestas pueden variar.)

a. Limpia y aseada, Helen se sienta a tejer cadeneta. Come de su plato, y usa cuchara y servilleta.

b. Helen vuelve a su anterior conducta. Tira el tenedor y la servilleta, come con la mano, y coge una rabieta.

c. James se pone abiertamente del lado de Annie, y le dice a su padre que está equivocado. Se opone a su padre cuando intenta evitar que Annie se lleve a Helen.

d. Helen consigue relacionar el agua que se derrama sobre su mano con la palabra *(agua)*, y comprende que todo tiene un nombre.

e. En el segundo acto, escena 6, Kate le dice a Annie que Helen era una niña brillante antes de su enfermedad; con sólo seis meses ya decía *guagua* intentando decir *agua*.

ORGANIZADOR GRÁFICO:

(Las respuestas variarán. A continuación damos algunos ejemplos de respuestas.)

James (de pie): Todavía tiene un conflicto con su padre. Predicción: logrará contar con la aprobación de su padre.

Annie (de pie): Annie está más decidida que nunca a enseñar a Helen. Tiene el control total sobre Helen durante dos semanas. Predicción: Lo seguirá intentando hasta que lo consiga.

Helen (de pie): Helen no deja que Annie la toque o se le acerque. Predicción: De alguna manera Helen aceptará a Annie y probablemente aprenderá a comunicarse.

Kate (de pie): Annie pierde parte del apoyo de Kate. No cree que estar sola con Helen sea bueno para la niña. Predicción: Helen aprenderá de Annie, y ésta volverá a ganarse el apoyo de Kate.

Capitán Keller (de pie): Acepta de mala manera que Annie pase dos semanas a solas con Helen, pero no cree que así se pueda conseguir nada. Predicción: Keller no estará satisfecho con el progreso de Helen y querrá decirle a Annie que se vaya.

(Las respuestas variarán. A continuación damos algunas guías para las respuestas.)

1. Los estudiantes pueden decir que Helen tendrá que aceptar a Annie, porque cuando estén solas no tendrá más remedio, y que Annie seguirá intentando que Helen la entienda porque tiene una voluntad férrea.

2. Los estudiantes deberían poder determinar la validez de sus predicciones y, si fuera necesario, actualizarlas según los acontecimientos del tercer acto.

Colección 13: La destrucción de la inocencia

La tragedia de Romeo y Julieta, p. 117
Primer acto

REVISIÓN:

a. Las muertes de Romeo y Julieta pondrán fin a la enemistad.

b. Tibaldo es sobrino de la dama Capuleto y primo de Julieta; odia a todos los Montesco y busca pelea.

c. Si vuelven a pelear, serán condenados a muerte.

d. Mercucio exhorta a Romeo a que baile y a que no se tome en serio ni a él mismo ni al amor. Bromea con Romeo y lo entretiene describiendo las hazañas de la reina Mab.

e. Se conocen en una fiesta en casa de los padres de ella.

ORGANIZADOR GRÁFICO:

(Las respuestas variarán. A continuación damos algunas guías para las respuestas.)

Debajo de *Lo que los padres quieren para / o esperan de los hijos*, los estudiantes podrían enumerar obediencia, respeto a la tradición, aprecio y sentido de la resonsabilidad. Debajo de *Lo que los hijos quieren*, los almunos podrían citar respeto, comprensión, paciencia y libertad.

1. Los estudiantes pueden decir que el mundo está cambiando tan rápidamente que cada generación se encuentra en un mundo muy diferente al de la generación precedente.

2. Los estudiantes pueden decir que a los de la generación de Romeo y Julieta les interesan principalmente sus sentimientos y necesidades y deseos inmediatos, y no llegan a considerar ninguna repercusión a largo plazo. Para aquéllos de la generación de sus padres, un sentido de lo que es correcto, del respeto y del honor de la familia y la posición social de la familia, tienen prioridad sobre los deseos o preferencias individuales.

Segundo acto

REVISIÓN:

a. Julieta le enviará a Romeo un mensajero para saber el lugar y la hora de su boda.

b. Cree que Romeo se enamora y desenamora muy rápidamente.

c. Tibaldo quiere retarlo a duelo.

d. A Mercucio le desagrada Tibaldo y, aunque ridiculiza su estilo de esgrima, lo considera un oponente peligroso.

e. Hace de mensajera entre los enamorados.

ORGANIZADOR GRÁFICO:

(Las respuestas variarán. A continuación damos algunos ejemplos de respuestas.)

1. La metáfora en la que Romeo compara a Julieta con el sol es la más romántica, porque compara a un ser humano con el cuerpo celeste que es la fuente de luz y calor para los humanos.

2. Si Shakespeare escribiera esa escena en la actualidad, los símiles y metáforas que usaría

Símil / Metáfora	Explicación
a. Romeo. «¡Es el Este, y Julieta es el sol!»	**a.** La belleza de Julieta es comparada con el resplandor del sol.
b. Julieta. «[Este contacto es]... demasiado parecido al relámpago, que deja de existir / Antes que pueda decirse ¡Relampaguea!»	**b.** Las promesas de los amantes son comparadas con el relámpago, que desaparece tan repentinamente como aparece.
c. Romeo. «¡Cuán suave como la plata se oye a la noche el habla de los amantes, / Como la música más dulce a los oídos que la escuchan!»	**c.** Las voces de los amantes son comparadas con hermosa música.

deberían involucrar cosas más contemporáneas, que a los adolescentes les gustan y que comprenden, como comparar las promesas de los amantes con las modas y corrientes cambiantes.

Tercer acto

REVISIÓN:

a. Tibaldo insulta a Romeo y Mercucio reta a Tibaldo, ya que Romeo no lo hace. Romeo se interpone entre los dos hombres que combaten, bloqueando la línea de visión de Mercucio, y Tibaldo clava su espada en Mercucio.

b. Romeo mata a Tibaldo para vengar la muerte de Mercucio y salvar su honor.

c. Julieta amenaza con matarse.

d. El fraile espera revelar el matrimonio, reconciliar a las dos familias, pedir el perdón del príncipe, y llamar de regreso a Romeo.

e. Julieta se tiene que casar con Paris dentro de tres días.

ORGANIZADOR GRÁFICO:

(Las respuestas variarán. A continuación damos algunos ejemplos de respuestas.)

Escena 1: *Conflicto:* Tibaldo viene buscando pelea e insulta a Romeo, quien se siente demasiado enamorado como para pelear. Airado por la negativa de Romeo, Mercucio es quien combate con Tibaldo. Cuando Romeo trata de separarlos, Tibaldo mata a Mercucio. Entonces Romeo desafía a Tibaldo, y le da muerte.
Opciones: Mercucio pudo haberse dado cuenta del estado de ánimo de Romeo y notar que no prestaba atención a los insultos. Romeo pudo haberle dicho a Mercucio, a Tibaldo y a los demás la verdad, de que se había casado con la prima de Tibaldo, Julieta.

Escena 5: *Conflicto:* Con la intención de alegrar a Julieta sus padres anuncian que el jueves se casará con Paris. Julieta declina, cortésmente. Su padre se enoja, y exige que se case con Paris, o que se marche del hogar.
Opciones: Los padres de Julieta podrían haberle dado tiempo para que lo pensara. También podrían haberle dado la opción de que dijera que no. Julieta pudo haberles dicho que ya se había casado con Romeo.

1. Cuando se pierde el tino no se piensa con claridad. Aun si el enojo estuviera justificado, no se usaría el mejor criterio.

2. Recuerdo cuando mi padre nos separó a mí y a mi hermano hasta que nos calmamos, y entonces pudimos tratar el problema serena y racionalmente.

Cuarto acto

REVISIÓN:

a. Ella amenaza con matarse.

b. Le ofrece a Julieta un narcótico que le inducirá un estado de coma que parecerá la muerte durante cuarenta y dos horas. Durante ese tiempo el fraile enviará a un mensajero a Mantua para avisarle a Romeo que vuelva a Verona, de modo que pueda estar con Julieta cuando ella despierte en el panteón.

c. Cambia la boda del jueves al miércoles.

d. Todos están muy apenados y lloran la aparente muerte de Julieta.

ORGANIZADOR GRÁFICO:

(Las respuestas variarán. A continuación damos algunos ejemplos de respuestas.)

El plan del fraile: Julieta deberá tomar la poción el miércoles por la noche. Quedará en un estado de coma, pero despertará dentro de cuarenta y dos horas. Entretanto, fray Lorenzo notificará a Romeo, quien regresará a Verona para estar junto a Julieta cuando recupere el conocimiento.

La respuesta de Julieta: Julieta responde valerosamente, accediendo a arriesgar la muerte por Romeo. Sus acciones demuestran lo mucho que lo ama.

1. El fraile controla la dosis de la pócima, y Julieta controla cuándo la tomará. Los Capuleto controlan dónde y cuándo Julieta será sepultada, y el mensajero que le llevará la carta a Romeo controla cuándo será entregada.

2. Los planes extremadamente complicados aumentan la posibilidad de que algo salga mal, porque el resultado depende de una serie de condiciones que deben cumplirse.

Quinto acto

REVISIÓN:

a. Baltasar le dice a Romeo que Julieta ha muerto y que está sepultada en el panteón de los Capuleto.

b. Romeo compra un veneno para bebérselo y reunirse con Julieta en la muerte.

c. El mensajero del fraile fue puesto en cuarentena por las autoridades sanitarias, que creyeron que pudo estar expuesto a la peste.

d. Encuentran el cuerpo de Julieta aparentemente sin vida.

e. Después de matar a Paris, Romeo se envenena. Cuando Julieta se despierta y encuentra a Romeo muerto, se clava mortalmente un puñal.

ORGANIZADOR GRAFICO:

(Las respuestas variarán. A continuación damos algunos ejemplos de respuestas.)

Romeo: 50 por ciento; Julieta: 20 por ciento; el caballero Capuleto: 10 por ciento; fray Lorenzo: 15 por ciento; el destino: 5 por ciento.

1. Siendo los protagonistas, Romeo y Julieta impulsan la acción por las decisiones que toman, y por lo tanto cargan con la mayor parte de la responsabilidad.

2. Mientras la gente joven experimente las emociones del primer amor, la obra les hablará sobre los triunfos y duras pruebas de tal amor.

Colección 14: El viaje azaroso

La Odisea, p. 135
Primera parte: Los viajes de aventura

REVISIÓN:

(A continuación damos algunos resúmenes posibles.)

calypso: Calypso deja libre a Ulises. Ulises se marcha en una balsa. Poseidón desencadena una tormenta y el héroe naufraga frente a Feacia.

comedores de loto: Tres de los hombres de Ulises comen el loto y pierden sus deseos de marcharse. Ulises les obliga a abordar la nave y se marchan.

cíclope: Atrapados en la cueva de Polifemo, Ulises y sus hombres ciegan al monstruo, y se escapan aferrándose a las ovejas. Ulises se burla del cíclope, que lo maldice.

la circe: Circe convierte a la tripulación de Ulises en puercos. Ulises, protegido por la magia, le obliga a que les devuelva su forma humana.

mundo de los muertos: En el mundo de ultratumba, Ulises consulta a Tiresias.

sirenas; Escila y Caribdis: Ulises tapona los oídos de los tripulantes con cera de abeja y él es atado al mástil para no sucumbir al canto de las sirenas. Entre Escila y Caribdis pierde seis hombres.

el ganado del dios sol: Los hombres de Ulises están hambrientos, y mientras él está ausente, matan y se comen el ganado de Helios. Zeus hunde su nave. Sólo Ulises sobrevive.

ORGANIZADOR GRÁFICO:

(Las respuestas variarán. A continuación damos algunas guías para las respuestas.)

Los temas incluidos en el gráfico cronológico debieran aparecer en el orden siguiente: Ismaros en la costa de cicones, los comedores de loto, el cíclope Polifemo, Circe, Tiresias en la Tierra de los Muertos, las sirenas, Escila y Carybdis, Helios el dios sol, Calypso, el rey Alcinoo. Los resúmenes de los estudiantes variarán.

1. Los estudiantes pueden mencionar características de Ulises como su gran inteligencia, valor, confianza en sí mismo, fuerza sobrehumana o intrepidez.

2. Los estudiantes pueden mencionar que Ulises es a veces egoísta, descuidado, e insensible a las necesidades de sus hombres. Asímismo, las lágrimas que le provoca la canción del juglar en la corte del rey Alcinoo son la reacción de un ser humano, no de un superhéroe.

Segunda parte:
El regreso a casa

REVISIÓN:

a. El perro, en pobre estado físico, yace abandonado sobre un montón de estiércol.

b. La prueba consiste en tender el arco de Ulises y disparar una flecha a través de los agujeros de los mangos de doce hachas. Ella se casará con el que logre superar la prueba.

c. Ulises revela su identidad al porquerizo y al vaquero porque necesita su ayuda.

d. Los sucesos e imágenes incluyen a Ulises deshaciéndose de sus harapos (verso 1221), la «última patada» de Antinoo (verso 1239), la repulsa de Ulises a los pretendientes (versos 1254-1260), los pretendientes en estampida como el ganado (versos 1290-1293), y la sangre corriendo «sobre todo el suelo humeante» (versos 1302-1303).

e. Le pide a su sirviente que mueva el lecho, que es inamovible, lo que le impulsa a describir cómo él mismo lo construyó.

ORGANIZADOR GRÁFICO:

(Las respuestas variarán. A continuación damos algunas guías para las respuestas.)

Los estudiantes pueden dibujar la cueva donde vive el cíclope Polifemo.

1. Los estudiantes pueden decir que las imágnes de Homero sobre Ulsies y sus hombres apiñandos en la cueva crean una vívida imagen.

2. Los estudiantes pueden decir que la cueva parece muy adecuada para el cíclope, porque es primitiva, está vacía y está llena de piedras, teniendo sólo una entrada única, así como el cíclope tiene un único ojo.